Conversa com **Edmar Bacha**

Cristovam Buarque
Conversa com **Edmar Bacha**

Rua Clara Vendramin, 58 . Mossunguê . CEP 81200-170
Curitiba . PR . Brasil . Fone: (41) 2106-4170
www.intersaberes.com . editora@intersaberes.com

Conselho editorial
Dr. Alexandre Coutinho Pagliarini
Drª. Elena Godoy
Dr. Neri dos Santos
Mª. Maria Lúcia Prado Sabatella

Editora-chefe
Lindsay Azambuja

Gerente editorial
Ariadne Nunes Wenger

Assistente editorial
Daniela Viroli Pereira Pinto

Edição de texto
Letra & Língua Ltda. – ME
Natasha Saboredo

Capa, projeto gráfico e diagramação
Charles L. da Silva (*design*)
Acervo do autor (imagem de capa)

Iconografia
Regina Claudia Cruz Prestes

Dados Internacionais de Catalogação na Publicação (CIP)
(Câmara Brasileira do Livro, SP, Brasil)

Buarque, Cristovam
   Conversa com Edmar Bacha / Cristovam Buarque. -- Curitiba, PR : InterSaberes, 2024.

   Bibliografia.
   ISBN 978-85-227-1316-5

   1. Bacha, Edmar, 1942- 2. Economia 3. Entrevistas (Jornalismo) 4. História do Brasil I. Título.

24-189417   CDD-070.444092

Índices para catálogo sistemático :
1. Entrevistas : Jornalismo   070.444092

Eliane de Freitas Leite – Bibliotecária – CRB 8/8415

1ª edição, 2024.
Foi feito o depósito legal.

Informamos que é de inteira responsabilidade do autor a emissão de conceitos.

Nenhuma parte desta publicação poderá ser reproduzida por qualquer meio ou forma sem a prévia autorização da Editora InterSaberes.

A violação dos direitos autorais é crime estabelecido na Lei n. 9.610/1998 e punido pelo art. 184 do Código Penal.

Dedicatória com esperança

Aos jovens estudantes de Economia,

que enfrentarão desafios maiores que Marx, quando buscou entender a nova economia industrial do século XIX, e Keynes, quando formulou rumos para a economia posterior às duas grandes guerras do século XX;

maiores do que os temas de crescimento, distribuição e inflação que caracterizaram os desafios do mundo pós-guerra em que nós vivemos.

Esperamos que esta conversa ajude para o enfrentamento dos desafios adiante: restrições ecológicas, permanência da pobreza, acirramento da desigualdade, aquecimento global, internacionalização das cadeias produtivas e de consumo, potencial e riscos da inteligência artificial.

Enfim, o desafio de entender o funcionamento e formular políticas para a economia na Era dos Limites e na Era das Incertezas.

Dedicatória com saudade

Para Ricardo Lima e Sergio Amaral, que não tiveram tempo de ler esta conversa entre dois amigos seus.

Agradecimentos

A José Francisco de Almeida, Edmílson Caminha, Fabio Coutinho, Marcos Formiga e Mauro Dutra pelo tempo dedicado a ler e revisar este texto, identificando diversas falhas ortográficas e gramaticais;

À Aline de Moura, mais uma vez, pelas sucessivas digitações;

A Alfredo e Sandra Bertini, pelo encontro com Edmar Bacha durante o Festival Cine PE, em 2022.

Nota

Edmar Bacha foi o idealizador, articulador e chefe do Departamento de Economia da Universidade de Brasília (UnB). Nesta qualidade, ele me convidou para voltar ao Brasil, depois de nove anos no exterior, entre 1970 e 1979, e assumir uma cadeira de professor, trocando Washington DC por Brasília, o Banco Interamericano de Desenvolvimento (BID) pela UnB e a função de analista de projetos pelo exercício do magistério. Entre o convite e minha vinda, ele havia saído da UnB para a Pontifícia Universidade Católica do Rio de Janeiro (PUC-Rio), mas fiquei com esta dívida, porque a mudança foi decisiva no rumo de minha vida.

Ao longo das décadas seguintes, tivemos encontros rápidos, até setembro de 2022, quando, a convite do casal de economistas Sandra e Alfredo Bertini, participamos de um seminário sobre as perspectivas da economia brasileira, dentro do tradicional Festival Cine PE.

Ali, formalizei convite para realizarmos este livro nos moldes de outros três já publicados – com Celso Furtado (Editora Paz e Terra), com Fernando Henrique Cardoso (Editora Astrojildo Pereira), com Claudio de Moura Castro (Editora Moderna). Ele aceitou tão rapidamente quanto eu aceitei o convite dele quase 50 anos antes.

Fizemos duas conversas. Com a publicação delas, creio que estamos dando uma contribuição ao relembrar a formação de um dos maiores economistas da história, no Brasil e no mundo, e seu papel na formação da pós-graduação brasileira e na revolução monetária que executou o Plano Real, ao mesmo tempo em que trocamos ideias sobre os temas da contemporaneidade.

Cristovam Buarque
Brasília, janeiro de 2024

Prefácio

Duas das maiores conquistas da democracia brasileira tiveram a participação dos economistas que neste livro dialogam: a estabilização da moeda há 30 anos e a criação do Bolsa Escola, embrião das políticas de transferência de renda aos pobres com o compromisso de manter as crianças estudando. Foram avanços civilizatórios do Brasil democrático.

Para a criação do Real, o professor Edmar Bacha foi fundamental, do debate acadêmico inicial à implementação do plano econômico que nos levou à vitória contra a hiperinflação. A Argentina ainda padece desse mal que nos afligiu. Nas políticas de transferência de renda ligadas à educação, a experiência do Distrito Federal no governo de Cristovam Buarque foi a base que sustentou o desenvolvimento do Bolsa Família.

Os dois economistas poderiam ter ficado na teoria, mas preferiram influir na definição dos caminhos pelos quais o Brasil precisa andar em busca de seu desenvolvimento. Como disse Bacha, relatando uma conversa que teve com o colega argentino Guilherme Calvo, ao fim do doutorado em Yale. Calvo expressou o sonho de colocar "alguns tijolinhos" na teoria econômica. Bacha diz que pensou o seguinte: "eu não quero pôr tijolinho na construção da teoria econômica, quero influir no processo político da economia brasileira para fazê-la uma economia desenvolvida". Esse processo ainda está incompleto, mas certamente Bacha colocou seus tijolos.

Por sua vez, Cristovam, à época *senior economist* em uma divisão do Banco Interamericano de Desenvolvimento, em Washington, preferiu aceitar o convite do próprio Bacha e vir para a Universidade de Brasília, onde Bacha havia montado o Departamento de Economia.

Como jornalista, tive a oportunidade de acompanhar o dia a dia da busca de uma moeda estável. Foi intenso, desafiador, emocionante. Perguntado por Cristovam sobre seu papel na construção no Plano Real, Edmar Bacha citou apenas dois artigos acadêmicos que ele publicou nos debates que ocorreram na PUC e um detalhe técnico na elaboração do plano. Ele fez muito mais que isso. O grupo de economistas que havia participado do fracassado Cruzado não queria mais voltar ao governo, nem tentar de novo. Bacha foi fundamental para que o grupo aceitasse formular novo plano, sob o comando do então ministro da Fazenda, Fernando Henrique Cardoso. Depois, assumiu uma tarefa difícil, a de negociar com o Congresso a viabilidade política da nova moeda. Os bastidores dos planos econômicos estão cheios de evidências sobre o papel estratégico exercido por Edmar Bacha.

Cristovam Buarque foi para a política para transformar ideias em ação, e sua maior marca é a de ter dado destaque à Educação como parte indispensável de qualquer projeto nacional de desenvolvimento. O Bolsa Escola foi implantado também em Campinas e em Belo Horizonte, antes de chegar ao governo federal. Curioso é que Campinas era administrada pelo PSDB, Belo Horizonte pelo PSB, e Cristovam era do PT. Assim, partidos que estavam distantes na arena federal estiveram juntos na construção dessa bem sucedida política pública, na qual Cristovam foi pioneiro.

O livro que a leitora e o leitor têm em mãos é um diálogo entre os dois. Ao mesmo tempo, há uma conversa paralela de Cristovam com os leitores. Ele vai explicando quem são as pessoas citadas e vai fazendo reflexões sobre o que foi dito. A sensação de quem lê é de ser a terceira pessoa em uma mesa de conversa entre duas pessoas inteligentes.

Aqui vai um exemplo para instigar o leitor. Em determinado momento da conversa, Bacha conta seu contato com o economista Ignácio Rangel e cita um trecho do clássico *Dualidade básica da economia brasileira*, no qual Rangel diz: "No século XIX, a fazenda brasileira era feudal para dentro e capitalista para fora". Cristovam acrescenta no diálogo com o leitor que "o Brasil é moderno e velho, dinâmico e estagnado". Ainda hoje. E que essa dualidade marcou etapas importantes de nossas transições. "A abolição da escravidão – lembra Cristovam – é o exemplo mais notável desta manutenção do velho, quando o novo é adotado". A Lei Áurea tornou ilegal o sistema escravocrata, mas não incluiu os ex-escravizados ao sistema econômico. "Soltou, mas não libertou". Essa persistência do arcaico mesmo quando o país se moderniza é um defeito que continua no Brasil em vários setores. Basta lembrar as modernas tecnologias de produção do agronegócio exportador convivendo com as bandeiras retrógradas que a bancada ruralista defende no parlamento em relação aos indígenas e ao meio ambiente.

Bacha foi também um pioneiro na implantação dos cursos de pós-graduação em economia pelo país. Deixa claro que este é um de seus orgulhos profissionais. Cristovam faz parte do movimento que alargou o pensamento econômico incorporando a dimensão da sustentabilidade ambiental e climática.

Mas quem ler o livro constatará que eles têm uma visão muito crítica do que não foi feito e do que a geração deles não conseguiu. Essa inquietação pode parecer pessimista sob um olhar apressado, mas é estímulo para novos avanços. Bacha por exemplo lamenta que o país esteja ainda prisioneiro da armadilha da renda média. Não é o país rico e desenvolvido que poderia ser. Cristovam critica o pensamento econômico por não ter visto a dimensão ambiental há mais tempo. "O ambientalismo chegou ao pensamento social e à militância política apesar, não graças, aos economistas".

E qual é a corrente de pensamento de Edmar Bacha, tantas vezes definido como neoliberal? E a de Cristovam que foi do PT e depois se afastou? "Hoje, no grupo no qual eu convivo, e você também, somos todos sociais liberais", afirma Bacha. Em um tempo de áspera polarização, ele avisa: "Não precisamos nos esfolar [...] podemos ter visões distintas, desde que plausíveis".

No tempo presente em que velhos fantasmas acordaram e nos rondam através da extrema direita, nada melhor do que o diálogo. E se, por acaso, a leitora e o leitor tiverem uma visão diferente da exposta por Bacha e Cristovam, estão também convidados a entrar neste livro e conferir o que eles estão dizendo. O Brasil precisa de muita conversa entre visões distintas, desde que plausíveis. E democráticas.

Miriam Leitão

Edmar Bacha

Cristovam Buarque: O nome de Edmar Bacha entra em qualquer lista dos mais ilustres economistas do Brasil, até mesmo do mundo. Por isso, a primeira pergunta é: como surgiu o economista Edmar Bacha?

Edmar Bacha: Ninguém que eu conhecesse estudava economia. Eu queria fazer Engenharia Mecânica. Minha turma do Colégio Santo Antônio, em Belo Horizonte, estava voltada para a Engenharia. Entre meus conhecidos, a exceção era meu cunhado, Guy de Almeida, um sujeito muito sério. Tinha optado pela Faculdade de Ciências Econômicas, no Curso de Sociologia e Política. Fiquei interessado no que era essa faculdade. Minha preocupação maior era se haveria oportunidade de emprego e salário nessas profissões. Descobri que em Sociologia e Política possivelmente não, mas também nunca me atraíram tanto assim. Eram muito leves para o meu gosto. Aí fui fazer Economia.

Bacha mostra uma característica de nossa geração. Quando pensávamos fazer curso superior, as alternativas eram Engenharia, Medicina e Direito. Raros imaginavam algum dos outros cursos que começavam a surgir, como Arquitetura, Administração, Geologia, Geografia, Economia ou Sociologia. Os que se aventuravam por essas áreas eram autodidatas ou se especializavam em outras depois de formados. Por coincidência, entre esses autodidatas, atribui-se o início do ensino da Economia no Brasil, dois séculos antes, a José da Silva Lisboa, com mesmo sobrenome, mas não antepassado de Edmar Bacha Lisboa.

José da Silva Lisboa
Primeiro Barão e Visconde de Cairu, nascido na Bahia, em 1756, e falecido no Rio de Janeiro, em 1835. Foi jurista, historiador, político e economista. Estudou filosofia na Bahia, antes de seguir para a Universidade de Coimbra, em Portugal, onde estudou Direito, além de hebraico e grego. A partir de 1778, foi nomeado professor de filosofia moral, em Salvador, cadeira que regeu por quase 20 anos. Era o mais próximo do conhecimento de economia. Apenas dois anos antes, outro professor de filosofia moral, Adam Smith, lançara em Edinburgh, na Escócia, a base seminal da nova ciência: *A riqueza das nações*. Inspirado nessa obra, publicou em 1804 o livro *Princípios de economia política*. Além do primeiro economista do Brasil, foi um grande divulgador das ideias liberais e um político de destaque como assessor de D. João VI e depois de D. Pedro I.

Cristovam: Em qual universidade?
Bacha: Na Universidade Federal de Minas Gerais (UFMG), em Belo Horizonte, na Faculdade de Ciências Econômicas (Face). Na Face, encontrei pessoas interessantes. Na turma do ano anterior, estavam Paulo Haddad e Claudio de Moura Castro. Junto comigo, entraram Flavio Rabelo Versiani, que desistiu de Medicina, e Alkimar Moura, que desistiu de Arquitetura. Era uma turminha muito boa. O diretor era Yvon Leite de Magalhães Pinto, e tinha um programa pioneiro de bolsas. Um cara extraordinário, sobre quem Claudio de Moura Castro já escreveu um livro: *A mágica do Dr. Yvon*. Ele arrendou lojas embaixo do edifício da faculdade e, com o dinheiro do arrendamento, montou um sistema de bolsas tanto para alunos quanto para jovens professores, em Economia e em

Sociologia e Política. Deviam ser uns 12 bolsistas por ano. No programa tinha gente muito boa e interessante: tanto os jovens professores quanto nós alunos. A faculdade tinha uma ótima biblioteca, que também foi o Yvon quem constituiu. Matemática e Estatística foram disciplinas muito boas. Aprendemos Economia por conta própria no ambiente efervescente da faculdade daquele tempo. As aulas eram quase irrelevantes; estudávamos muito, sozinhos. Em Sociologia e Política, tínhamos pessoas como, por exemplo, Betinho, Simon Schwartzman, Bolívar Lamounier, Amaury de Souza. Um grupo de elite. José Murilo de Carvalho entrou depois de mim. Ficamos nessa efervescência, sob influência do Guy, com quem eu conversava sobre política e sociedade. O Guy foi a primeira marca da minha formação. Na faculdade, estavam os colegas Flávio, Alkimar, Cláudio, Haddad, além da turma de sociologia e política. Gente que ainda está até hoje atuando e dando contribuições ao pensamento brasileiro nas áreas das ciências humanas.

> *Bacha mostra a importância do ambiente e da dedicação na formação do bom profissional. Destaca a relevância de um líder promotor e da efervescência que vem dos colegas e do sistema de bolsas.*
>
> *Sem o programa de bolsas criado pelo Professor Yvon, que permitia dedicação integral, dificilmente o Brasil teria esta geração de pensadores formada por Alkimar Moura, Bolívar Lamounier, Claudio de Moura Castro, Flavio Rabelo Versiani, Betinho, Paulo Haddad, Simon Schwartzman, José Murilo de Carvalho, Amaury de Souza. Sem a sinergia entre eles, nenhum teria evoluído*

intelectualmente da forma como ocorreu nos anos seguintes. Sem a liderança de Yvon Leite de Magalhães Pinto, teria sido impossível levar adiante a formação que eles receberam; sem o estímulo mútuo do grupo, nem Bacha nem os outros teriam recebido a formação que tiveram.

Todos se destacaram e, até hoje, ao redor de 80 anos de idade, cada um é reconhecido como alguns dos mais destacados intelectuais do Brasil no ramo das ciências humanas e sociais. Qualquer que fosse o brilhantismo deles, dificilmente teriam tido o destaque posterior se não contassem então com a bolsa de estudos, que lhes permitiu dedicação exclusiva aos estudos, a consequente convivência e o estímulo mútuo. Quando falamos de grandes universidades, lembramos dos professores, da biblioteca e das exigências, raramente do ambiente intelectual formado pelos próprios alunos. Os "itianos", formados no Instituto Tecnológico de Aeronáutica (ITA), costumam falar do "espaço", onde os alunos viviam, conviviam e produziam, mesmo fora das aulas e estudos formais. O produto intelectual é resultado tanto das aulas em si quanto da sinergia entre alunos. Lamentavelmente, salvo exceções como o ITA e a Face, o convívio dentro do campus de nossas universidades é limitado, e fora dele tende à dispersão e mais ao lazer que ao estímulo acadêmico. O livro de Claudio de Moura Castro é ao mesmo tempo um manual à dedicação e convivência e um hino ao que fez o Professor Yvon e a Face. Do livro, percebem-se as qualidades dos alunos e do Bacha, escolhido como um dos representantes ao I Encontro Nacional de Estudantes de Economia, realizado em Recife, em 1962. A experiência da Face é um exemplo do alto retorno que o *país tem quando investe na educação, dando o necessário apoio, da forma certa.*

Mas esse grupo só foi possível porque cada um deles teve uma boa educação de base. O mérito de cada um foi promovido e filtrado na infância e adolescência, pelas possibilidades da família e da escola onde estudaram. Todos eles tiveram uma boa educação de base antes de entrar para a faculdade. Sem isso, dificilmente teriam sido capazes de dar o salto que provocaram, depois, no ensino das Ciências Sociais.

A Face é produto da liderança do Professor Yvon, mas também do momento que o Brasil atravessava a partir dos anos 1960, na promoção do ensino da economia. Foi produto e foi também o motor da rede de cursos surgidos desde então e no decorrer dos anos 1970.

Alkimar Ribeiro Moura
Economista mineiro, PhD em Economia Aplicada pela Universidade de Stanford e professor titular da Fundação Getúlio Vargas desde 1970. Foi Diretor de Política Monetária e de Normas do Banco Central, Conselheiro do Bovespa, Vice-Presidente do Banco do Brasil e membro do Conselho Fiscal do Banco Itaú.

Amaury de Souza
Falecido em 2012, foi um dos mais destacados integrantes do grupo de sociólogos formados pela UFMG na virada dos anos 1950 para os 1960. Nascido em 1942 em Uberlândia (MG), Amaury passou a residir em Belo Horizonte em 1958. Em 1961, ingressou no curso de Sociologia e Política da Faculdade de Ciências Econô-

micas da UFMG. Concluído o bacharelado em Minas, ele passou algum tempo no recém-criado Iuperj, transferindo-se em seguida para os Estados Unidos. Fez o doutorado em Ciência Política no MIT com uma tese sobre o sindicalismo brasileiro. O campo que mais o interessava era o das relações internacionais.

Bolívar Lamounier
Nascido na cidade mineira Dores do Indaiá, em 1943, desde o seu ingresso na Face, orientou seu estudo para as ciências políticas, transformando-se em um dos mais importantes cientistas brasileiros nessa área. Foi criador e primeiro diretor-presidente do Instituto de Estudos Econômicos, Sociais e Políticos de São Paulo (Idesp). Tem dezenas de contribuições em artigos e livros sobre a história política do Brasil e sobre cada momento político que o país atravessa. É um dos mais importantes intelectuais públicos ativos também fora da academia, na política do Brasil, dando contribuição fundamental no entendimento do momento político brasileiro.

Claudio de Moura Castro
Nascido em 1938, na cidade do Rio de Janeiro, é um dos mais importantes entre os economistas que se dedicaram ao tema da economia da educação. O Brasil deve a ele dezenas de artigos, livros e falas formando alunos para o entendimento teórico do papel da educação como instrumento do desenvolvimento e para a formulação de práticas para que o sistema educacional possa contribuir eficientemente para o progresso. É o economista com mais experiência e rigor nos assuntos de educação profissionalizante. Foi presidente da Coordenação de Aperfeiçoamento de

Pessoal de Nível Superior (Capes) e funcionário da Organização Mundial do Trabalho, em Genebra.

Flavio Rabelo Versiani
Foi um dos principais criadores do Departamento de Economia da UnB. Tem vasta contribuição ao pensamento econômico do Brasil, especialmente no tocante à história da economia brasileira e mais especificamente ao assunto da escravidão, sobretudo no Nordeste e no Rio Grande do Sul.

Herbert José de Souza
Popularmente conhecido como Betinho, nascido em 1935, na cidade de Bocaiúva, em Minas Gerais, faleceu em 1997, no Rio de Janeiro. Apesar de sua excelente formação junto aos demais colegas da Face, ficou conhecido pela militância política ao fundar o movimento Ação Popular, grupo político que durante o regime militar representava a esquerda não comunista. Depois da ditadura, destacou-se por sua luta e extrema capacidade de organização e mobilização contra a fome, por meio de seu programa "Ação da Cidadania Contra a Fome, a Miséria e Pela Vida", movimento até hoje válido e ativo.

José Murilo de Carvalho
Cientista político, ainda mais conhecido como historiador, dando contribuição sobretudo na análise da formação da cidadania no Brasil. É um autor profícuo com obras que fazem parte do cânone brasileiro, como *Os bestializados: o Rio de Janeiro e a República que não foi* e *A formação das almas: o imaginário da República no Brasil*. É dele algumas das melhores análises sobre a Proclamação da República. Membro da Academia Brasileira de Letras. Faleceu aos 83 anos, em 2023, no Rio de Janeiro.

Paulo Haddad
Fundador do Cedeplar e primeiro presidente da Anpec, deu grande contribuição ao tema da gestão pública e do planejamento regional. Foi Secretário de Planejamento do governo mineiro e Ministro da Fazenda no governo do presidente Itamar Franco.

Simon Schwartzman
Mineiro, nascido em 1939, é um dos mais importantes sociólogos do Brasil, com obras fundamentais nas áreas da educação e da ciência e tecnologia. Foi presidente do Instituto Brasileiro de Geografia e Estatística (IBGE) entre 1994 e 1998. É membro titular da Academia Brasileira de Ciências e foi professor em diversas universidades no exterior e no Brasil, entre as quais a UFMG e Fundação Getúlio Vargas. Foi pesquisador na Universidade da Califórnia, Woodrow Wilson International Center for Scholars, Stanford University e École Pratique des Hautes Études de Paris.

Bacha: Ao terminarmos nossos cursos, os bolsistas já tinham decidido continuar estudando. Havia duas alternativas: Comissão Econômica para a América Latina (Cepal) e Banco Nacional de Desenvolvimento Econômico e Social (BNDES), com um curso que Pedro Malan e Regis Bonelli fizeram; ou a Fundação Getúlio Vargas, no Centro de Aperfeiçoamento de Economistas (CAE). Este era um programa de pós-graduação de seis a onze meses. Em seguida, mandavam aos Estados Unidos para fazer mestrado e, eventualmente, doutorado. Até a minha vez, todos voltaram apenas com mestrado, inclusive João Paulo dos Reis Velloso, que, por questões familiares, resolveu voltar antes de concluir o doutorado, justo quando Roberto de Oliveira Campos estava procurando alguém para presidir o novo Instituto de Pesquisa Econômica Aplicada (Ipea), e assumiu esse cargo. Eu optei pelo CAE da Fundação Getúlio Vargas, e a grande influência que recebi foi de Mário Henrique Simonsen, um professor extraordinário. Até bom demais. As aulas dele eram tão claras, tão claras, que nem era preciso estudar. Apenas sete anos mais velho que eu, dava aulas de Matemática, Macro e Microeconomia. Tudo muito bem. O curso era ele. Na Face, fiquei de 1960 a 1963, e no CAE, em 1964, com o Mário. Houve outras pessoas lá naquela época, menos influentes, mas também importantes: Werner Baer estava lá promovendo cursos de pós-graduação nos Estados Unidos, João Paulo dos Reis Velloso e Isaac Kerstenetzky davam aula. Também a figura interessantíssima do Alexandre Kafka. Mas quem me marcou realmente foi Mário Henrique Simonsen. Na verdade, até brinco, não devia, mas falo: foi a primeira pessoa que eu vi mais inteligente que eu.

> *Essa ingênua vaidade se justifica. Um livro sobre a história da inteligência brasileira e suas personalidades teria um desafio para ordenar quais foram nossos mais importantes pensadores, mas certamente Edmar Bacha estaria entre os melhores. Ao redor de Bacha havia, e ainda há, uma legião de mentes brilhantes, mas, de fato, muitos reconhecem Edmar Bacha como "a pessoa mais inteligente que eu conheci".*

Alexandre Kafka
Nascido na cidade de Praga, em 1917, faleceu em Washington DC, em 2007. Estudou em Genebra e Balliol College, na Universidade de Oxford. Mudou-se para o Brasil em 1941, ingressando como

professor na Escola Livre de Sociologia e Política da USP. Foi para a Federação das Indústrias do Estado de São Paulo (Fiesp), levado por Roberto Simonsen. Primeiro diretor do Ibre da FGV-Rio, em 1949 ingressou no Fundo Monetário Internacional (FMI), onde permaneceu por 32 anos, sendo reeleito por 16 vezes entre 1966 e 1998 na Diretoria Executiva dessa entidade.

Isaac Kerstenetzky
Filho de imigrantes judeus da Bessarábia, nasceu em 1926, no Rio de Janeiro, e faleceu em 1991. Graduou-se em Economia pela UFRJ, então Universidade do Brasil, fez mestrado na Universidade McGill, no Canadá, e especializou-se em Planejamento Econômico pelo Instituto de Estudos Sociais, na cidade de Haia, na Holanda. Diretor do Ibre/FGV-Rio, entre 1970 e 1979 foi presidente do IBGE.

João Paulo dos Reis Velloso
Nascido em 1931, no Piauí, falecido em 2019, formou-se em economia pela Universidade Federal do Rio de Janeiro (UFRJ) e estudou na Universidade de Yale entre 1962 e 1964. Ao regressar, tornou-se presidente do Ipea e o transformou na grande entidade de entendimento da economia brasileira e formuladora de estratégias de desenvolvimento. Foi assessor da presidência do Banco do Brasil e do Ministro da Fazenda e, também, foi Ministro do Planejamento por dez anos, entre 1969 e 1979.

Mário Henrique Simonsen
Nasceu em 1935, no Rio de Janeiro, graduou-se em Engenharia pela UFRJ, então Universidade do Brasil, e em Economia pela Faculdade de Economia e Finanças do Rio de Janeiro. Ajudou na criação da Escola de Pós-Graduação em Economia (EPGE), o

principal embrião de todo ensino de Ciências Econômicas no nível de pós-graduação no Brasil. Reputado como um grande professor reunindo Matemática, Micro e Macroeconomia, deixou marcas profundas em seus alunos. Foi Ministro da Fazenda e do Planejamento, além de presidente do Movimento Brasileiro de Alfabetização (Mobral). Simonsen foi um dos economistas de ampla e variada cultura, especialmente a música clássica e a ópera.

Pedro Malan
Nasceu no Rio de Janeiro, em 1943, formou-se em Engenharia na PUC-Rio, fez o curso de economia da Cepal, em Vitória, no Espírito Santo; a partir de 1966, ingressou no Ipea. Em 1969, foi fazer o doutorado na Universidade de Berkeley. Foi Diretor Executivo do BID e do Banco Mundial; foi o negociador-chefe da dívida externa, quando conseguiu equacionar o secular problema brasileiro de endividamento externo. Em 1993, assumiu a presidência do Banco Central. A partir de 1995, assumiu o cargo de Ministro da Fazenda do governo Fernando Henrique Cardoso, permanecendo nessas funções pelos dois mandatos do presidente. Malan deve ser considerado um dos pais do Plano Real e quem teve maior papel na execução da política econômica durante os dois governos de Fernando Henrique Cardoso.

Regis Bonelli
Nascido no Rio de Janeiro, em 1943, faleceu em 2017. Formado em Engenharia pela PUC-Rio e doutor em economia por Berkeley, suas principais áreas de interesse profissional foram crescimento econômico e economia do desenvolvimento, com dedicação especial ao tema da produtividade. Pesquisador do Ipea e do Ibre/FGV, foi diretor-geral do IBGE e diretor da área de indústria do BNDES.

Edmar Bacha e Pedro Malan

Roberto Campos
Nascido em 1917, em Cuiabá, e falecido no Rio de Janeiro, em 2001, foi certamente um dos mais influentes economistas do Brasil, além de escritor, político e diplomata. Por muitos anos representou a visão tradicional da economia com visão social conservadora. Formado em Teologia e Filosofia em um seminário católico, passou em concurso do Itamaraty e seguiu a carreira diplomática, formando-se em economia pela Universidade George Washington, quando era cônsul nessa cidade. Fez sua pós-graduação na Universidade Columbia, quando servia na representação do Brasil nas Nações Unidas em Nova York. Foi Ministro do Planejamento no primeiro governo militar, substituindo Celso Furtado, que era

ministro no governo deposto de João Goulart. Foi senador pelo Mato Grosso e deputado federal pelo Rio de Janeiro. É símbolo do liberalismo entre os economistas brasileiros.

Werner Baer
Nasceu na Alemanha, em 1930, e faleceu em 2016, em Urbana, Illinois. Graduado pelo Queen's College, em 1953, com mestrado e doutorado em Harvard. Pode-se dizer que o Professor Werner foi o pai operacional da formação dos economistas brasileiros. Como representante da Fundação Ford, atuou fortemente no recrutamento de estudantes brasileiros para fazer doutorado nos Estados Unidos, tendo como linha de pesquisa o Desenvolvimento do Brasil. Viveu no país criando uma imensa rede de amigos. O Prof. Joaquim Guilhoto estima que pelo menos 540 economistas brasileiros receberam orientação e apoio de Werner para a formação no exterior, principalmente nas Universidades Vanderbilt e de Illinois. Sem ele, nossos programas de pós-graduação em Economia teriam sido postergados por alguns anos e dificilmente teriam a qualidade que ele conseguiu lhes dar. Werner Baer é um dos exemplos da pessoa certa, no momento certo, que teve um papel fundamental na história do Brasil.

Cristovam: Por que o Simonsen não estudou fora?
Bacha: Ele não quis sair. Uma vez perguntei: "Por que você não vai para o exterior?", e ele disse "Aqui é mais divertido".

Cristovam: Era um bon-vivant*?*
Bacha: Não... Tinha uma vida muito regrada. O *bon-vivant* era Roberto Campos.

Cristovam: Mas era um grande fumante.
Bacha: Era uma coisa horrível. Acendia um cigarro na ponta do outro. Sem parar. Era casado com a Iluska Simonsen, tinha filhos. Tinha uma casa aqui no Rio, outra em Teresópolis. Tinha um grupo que ia jogar pôquer com ele.

Cristovam: E cantava ópera!
Bacha: É... E cantava ópera. A mulher dele era campeã de xadrez. Acho que ela ganhava dele no xadrez, apesar de ele ser também um grande enxadrista.

Cristovam: Qual foi a influência dele em sua formação?
Bacha: Sua grande influência, além da presença de gênio, foi me colocar pela primeira vez exposto à economia moderna, o que não tinha acontecido na faculdade. Era fantástico. O Mário estudava escrevendo livros. Lia os livros de microeconomia e macroeconomia e dizia "Ah, essa coisa está mal-feita!". E refazia tudo, do jeito dele, e publicava. Ele tem livros de micro e de macro. Tem de tudo.

Cristovam: Quais as influências que Simonsen recebeu?
Bacha: Eu não sei quem mais o marcou. Deve ter gente do Instituto de Matemática Pura e Aplicada (Impa). Mário foi meio que criador do Impa também. Era um matemático de primeira. Poderia ter sido um matemático de fronteira, mas preferiu economia. Naquele tempo, era muito isolado. Só depois, bem mais para frente, integrou-se na academia americana. Naquele tempo, ele não tinha muito contato. Quem tinha os contatos internacionais era Eugênio Gudin, que pode ter tido influência sobre ele. O Roberto Campos possivelmente o influenciou muito na Consultec, uma empresa especializada em apoio administrativo e consultoria pública, fundada por

ele, em 1959. O Mário veio da Engenharia e trabalhou como consultor. Eles escreveram um livro juntos, *A nova economia brasileira*.

Cristovam: De que outro economista daquele tempo você lembra?
Bacha: Lembro de uma vez em que eu e Dionísio estávamos conversando com o Ignácio Rangel, que, aliás, foi outra influência que tive, porque desde quando eu estava na graduação, gostava muito das colunas dele em jornais e revistas. Uma vez escrevi um artigo sobre ele em jornal dos estudantes da Face. Ele foi lá na faculdade para o concurso de uma professora e mostrei o que eu tinha escrito. O artigo era muito crítico à teoria de inflação brasileira que ele propunha. O Ignácio Rangel leu e falou: "Por que você diz que sou o mais original dos economistas brasileiros?". Lembro até hoje. Ele certamente gostou. Imagina, encontrar um menino de 21 anos que escreveu um artigo inteiro sobre a teoria da inflação dele, depois ampliada no livro *A inflação brasileira*. Ele era realmente original. Era economista marxista, que aplicava o marxismo de maneira criativa. Não sei se você leu o texto *Dualidade básica da economia brasileira*. Eu adorava esse livro. Marx formulou cinco etapas do capitalismo, e Rangel adaptou as cinco etapas do Marx para a evolução econômica brasileira. Com essa novidade, ele introduziu a ideia da dialética em que o novo não substitui diretamente o velho. Rompeu com a visão de que há um velho, vem um novo e substitui o velho. Para ele, tinha o velho, aí vem o novo, e os dois se juntam. O exemplo dele, de que eu sempre lembro, é assim: "No século XIX, a fazenda brasileira era feudal para dentro e capitalista para fora". Ele tinha essa coisa da dualidade. Para ele, o Brasil transitava entre as fases de evolução do capitalismo. Com essa

alternância entre novo e velho, sempre tinha um polo novo e um polo velho convivendo. Aí, quando o novo entrava para substituir o velho, o antigo novo virava velho, e eles continuavam a convivência. É uma ideia muito interessante para explicar por que o Brasil nunca teve revolução em suas estruturas.

Com essa lembrança, Bacha chama atenção para uma característica do acomodamento da economia e da sociedade no Brasil, ao substituir um modelo antigo por outro mais moderno, sem ruptura. Provando as ideias de Ignácio Rangel lembradas por Bacha: o Brasil é moderno e velho, dinâmico e estagnado. A abolição da escravidão é o exemplo mais notável dessa manutenção do velho, quando o novo é adotado. Ao tornar ilegal o sistema escravocrata, a Lei Áurea não incorporou os ex-escravizados como pessoas livres na sociedade e na economia. Soltou, mas não libertou. Tirou as algemas, mas não ensinou a caminhar e participar. Mais de 100 anos depois do velho sistema escravocrata morrer, o novo sistema de trabalho livre não está plenamente adotado, por falta de educação com qualidade. Construímos um capitalismo com exclusão, pobreza, apartação social e trabalho servil, mantém-se uma última trincheira da escravidão.

Há mais de um século, luta-se para modernizar a estrutura da propriedade da terra, mas tanto adiamos essa reforma que o avanço técnico passou a oferecer e exigir alta tecnologia em grandes extensões de terra, e a reforma agrária ficou obsoleta, como motor econômico. Demoramos tanto a fazer a reforma agrária que ela ficou uma proposta atrasada tecnicamente, embora ainda necessária por razões sociais devido ao atraso do velho convivendo com o novo. Quase um gesto de assistência social e de incentivo à produção de alimentos para o mercado interno. Isso pode acontecer com a educação. Surgir uma teleneuropedagogia que represente para a educação o que o agronegócio representou para a agricultura. Da mesma forma que na produção agrícola o produto não chega a todos: teremos super educados e analfabetos, tanto quanto hoje temos famintos no país celeiro mundial de alimentos. Estamos adiando tanto a implantação de um sistema avançado de educação, que a neurociência e a teleinformática podem fazer a pedagogia tradicional se tornar obsoleta.

É esta dicotomia que muitas vezes isola as forças políticas: ao não perceberem que suas falas já não se sintonizam com o futuro, nem atendem aos desejos dos que estão no passado. Não sabem como orientar o agronegócio para respeitar o meio ambiente e promover resultados sociais, nem dão esperança aos camponeses que desejam emigrar do campo, tampouco percebem a importância da educação na era do conhecimento como o vetor do progresso para aumentar e distribuir a renda social.

Ignácio Rangel
Nasceu em Mirador, no Maranhão, em 1914, e faleceu no Rio de Janeiro, em 1994. Estudou Direito na faculdade que anos depois constituiria a Universidade Federal do Maranhão. Mudou-se para o Rio de Janeiro e continuou sua formação autodidata em economia. Graças a isso, teve participação na criação da Petrobras e da Eletrobras ao fazer parte do grupo de assessoramento do presidente Getúlio Vargas. Foi um importante quadro do Instituto

> Superior de Estudos Brasileiros (ISEB), que reuniu um grupo dos melhores expoentes do pensamento brasileiro com orientação progressista. Trabalhou na Cepal e no BNDES. Em 1957, publicou o livro *Dualidade básica da economia brasileira*.

Cristovam: Você chegou a conviver com Ignácio Rangel ou só mandou o artigo?
Bacha: Eu lhe repassei o artigo e, muitos anos depois, quando vim para o Rio, descobri que Dionisio Dias Carneiro era amigo dele. Era meio aparentado com ele. Lembro de ter visitado Rangel. Tinha uma casa em Paquetá, e quando a gente fez o famoso seminário de inauguração do Mestrado na UnB, em 1973, eu e Dionísio convidamos o Rangel. Foi a figura mais importante do seminário e o único marxista que a ditadura deixou comparecer. Para os militares, Rangel era reconhecido como comunista, mas visto como inofensivo.

Cristovam: Werner Baer teve influência em sua decisão de ir estudar nos Estados Unidos?
Bacha: Foi o Werner quem disse que havia um mestrado em Yale, e seria boa porta de entrada para a vida profissional, especialmente acadêmica. Ele falou: "Vai para o mestrado antes. Para se adaptar". Conversei com Alexandre Kafka e ele falou: "Nem pensar! Esse mestrado aí é para latino-americano! Você tem que ir direto para o doutorado em Berkeley. Entrar direto". Mas não consegui entrar em Berkeley, porque o prazo de aplicação já tinha fechado. Fui para o mestrado de Yale, o que terminou sendo positivo, porque eu nunca tinha estado nos Estados Unidos. Primeira viagem internacional, solteiro, o inglês claudicante. Dei sorte, porque no mestrado

encontrei o colega Guillermo Calvo, que até hoje é meu amigo. Ele continua em Nova York. É professor de Columbia. Desde aquela época, não mais voltou para a Argentina. Estou indo agora para Nova York, a uma conferência em homenagem a ele durante três dias, em Columbia. Guillermo e eu nos demos apoio recíproco. Éramos colegas de mestrado. Eu estudava muito com ele. É outro gênio da matemática. Lembro que fazíamos exercícios de Estatística e Econometria, eu usando a intuição e ele usando a matemática. A gente concorrendo para ver quem terminava mais rápido.

> **Guillermo Calvo**
> Argentino norte-americano, diretor do programa de Administração em Política Econômica na Universidade de Columbia. Foi economista-chefe do BID entre 2001 e 2006. Sua grande contribuição foi aproximar a atividade acadêmica e a economia prática, dividindo sua biografia entre atividades universitárias e participação em instituições financeiras e no FMI. Algumas expressões correntes no vocabulário econômico, tais como *"Calvo Equation"*, *"Sudden Stop"* e *"Fear of Floating"* têm origem em formulações do professor Guillermo Calvo.

Cristovam: Você foi nosso primeiro brasileiro a concluir um PhD. Faz quase 60 anos. Quando nossa geração olha para trás, nós temos mais razões para orgulho do que fizemos ou de constrangimento pelo que não conseguimos fazer na história do Brasil: uma economia eficiente, uma sociedade justa e com desenvolvimento sustentável? Como as novas gerações de economistas vão nos ver?
Bacha: Participei muito ativamente do processo de formação da profissão moderna de economia no país. Depois do

doutorado, voltei para a EPGE, onde fiquei dois anos. Em seguida, fui para a UnB. Em 1971, ainda na ponte aérea, mudei-me em 1972 e fiquei em Brasília até 1978. Recriamos o departamento, criei o mestrado e levei comigo aproximadamente 20 pessoas. Em 1979, mudei-me para o Rio de Janeiro e participei da criação do mestrado na PUC-Rio. E, no meio do caminho, fui um dos fundadores da Associação Nacional dos Centros de Pós-Graduação em Economia (Anpec), em 1977. Acho que esses são três pilares importantes da constituição da profissão moderna de economia no país, da qual eu pude participar muito ativamente. Tenho muito orgulho disso.

Em poucos anos depois da volta de nossos primeiros doutores, floresceram no país centros de formação de pós-graduação em Economia:

- *Programa de Pós-Graduação em Economia da Universidade Federal de Pernambuco (PIMES), criado em 1967, sob a liderança de Clóvis de Vasconcelos Cavalcanti e Roberto Cavalcanti de Albuquerque;*
- *Programa de Pós-Graduação em Economia da Universidade Federal do Ceará, criado como Centro de Aperfeiçoamento de Economistas do Nordeste (CAEN), dirigido por José Hamilton Gondim;*
- *Núcleo de Altos Estudos Amazônicos (NAEA), na Universidade Federal do Pará, criado em 1973, sob a coordenação de Armando Mendes;*
- *Centro de Desenvolvimento e Planejamento Regional da Faculdade de Ciências Econômicas (Cedeplar), criado em 1967 como órgão suplementar da UFMG, dirigido por Paulo Haddad;*

- Instituto de Pesquisas Econômicas (IPE), da Universidade de São Paulo (USP), criado em 1964, dirigido por Miguel Colasuonno;
- Centro de Aperfeiçoamento de Economia, da Fundação Getúlio Vargas, sob a coordenação de Mario Henrique Simonsen;
- Pós-Graduação em Economia da Universidade Federal de Viçosa (UFV), dirigido por Hélio Tollini.

Dois personagens centrais nesse processo foram Darcy Closs, presidente da Capes, no período de 1974 a 1979, e Luís Paulo Rosenberg, Secretário Executivo da Anpec, no período entre 1976 e 1978.

Cristovam: Do ponto de vista das consequências de fazer o Brasil mais rico, mais bonito, melhor, mais justo, sustentável, podemos nos orgulhar do que fizemos nesses 60 anos?
Bacha: Não chegamos lá ainda. Estamos parados no meio do caminho, na armadilha da renda média. Projetando aqueles 7%, do jeito que o Brasil crescia em 1970, já estaríamos ricos. Havia uma perspectiva do Brasil grande, Brasil grande potência. Os militares incorporaram, mas ela já existia antes deles, com Juscelino Kubitschek. A perspectiva de que o Brasil não ia parar: a industrialização, a marcha para o oeste, Brasília e tudo o mais. Nesse sentido, há certa frustração. O Brasil não foi um dos poucos países, desde o pós-guerra, que conseguiram sair da renda média para virar país rico, mas poucos conseguiram, não é, Cristovam? Uma dúzia de países. País grande que está tentando chegar lá é a China, mas por enquanto tem a mesma renda média que a gente, e estão começando

a aparecer uns probleminhas complicados lá. A Índia também agora está indo rápido, mas com renda *per capita* muito mais baixa que a nossa. A Rússia foi e empacou. País grande é difícil. Você pensa o seguinte: países grandes que cresceram foram os do século XIX – Estados Unidos, Alemanha, França, Inglaterra. No século XX, quer dizer, no pós-guerra, os países que cresceram foram os que de alguma maneira conseguiram se associar aos países ricos como os da periferia da Europa – Portugal, Espanha, Grécia, Irlanda...

Cristovam: Tem a Austrália.

Bacha: É... essa periferia e países com uma dotação extraordinária de recursos naturais, como a Austrália e a Nova Zelândia. Talvez a Noruega entrasse nessa mesma categoria de recursos naturais abundantes. E, do lado da indústria, os Tigres Asiáticos, que são cinco, Cingapura, Coreia do Sul, Hong-Kong, Israel e Taiwan.

Cristovam: E menores.

Bacha: A Coreia não é tão pequena assim. Tem bastante gente.

Uma das grandes características de Bacha é a sagacidade para perceber detalhes no processo social e econômico. É muito feliz a afirmação de que não fomos um dos raros felizardos que saíram da renda média para país rico. Poucos conseguiram, mas esses poucos foi graças a terem investido em educação, ciência e tecnologia. As políticas dos "felizardos do pós-guerra" previram ou simplesmente coincidiram com o tempo histórico da economia do conhecimento. Falta-nos, entretanto, além do tripé educação-ciência-tecnologia, redefinirmos o conceito de riqueza para irmos além da renda e incorporarmos o conjunto das variáveis que formam o bem-estar: civilidade, acesso de todos aos bens e serviços essenciais e distribuição de renda; educação como meio e propósito, sustentabilidade, cultura, urbanidade. Talvez o maior de nossos fracassos como economistas tenha sido demorarmos para perceber que o progresso não depende apenas do crescimento da renda social. Bacha fez essa crítica com sua fábula de Belíndia, mas não basta tampouco distribuir bem a renda social. O bem-estar e progresso decorrem de muitas variáveis externas à economia. O mundo não fica melhor apenas porque a renda cresce e se espalha, pode até piorar dependendo do produto ofertado.

Cristovam: Se nos considerarmos "assessores dos príncipes", políticos ou militares, você acha que tem algo que nos leve a dizer "nós falhamos", "nós erramos", ou "todos nos equivocamos", como diz o Carlos Sabino, um argentino em seu livro que leva esse nome. Olhando para trás, podemos dizer que nos equivocamos, ou que não fomos ouvidos, ou não fomos levados em conta ou estávamos errados? Você tem alguma autocrítica de seu papel como um dos inspiradores dos príncipes?
Bacha: Sempre tive uma opinião muito relativizada sobre nossa importância. É como os franceses dizem, "a política vem antes". Quando temos boas ideias na gaveta, podemos aproveitar de momentos políticos propícios e fazer que as coisas funcionem bem. Às vezes erramos, como naquela confusão que foram os anos seguintes à redemocratização, com o Plano Cruzado, que foi um desastre.

Bacha tem razão, a responsabilidade não é dos economistas, mas é possível perguntar: "Onde erramos depois de 1985?". A democracia fez o Brasil mais democrático e promoveu avanços sociais e econômicos, mas não o fez mais rico, justo, sustentável, estável. Radicalizamos na democratização política, mas não soubemos tirar proveito dela para construir o Brasil que nossas dimensões permitem sonhar. Mesmo na democracia, a cada eleição temos dúvidas se o Exército vai respeitar o resultado das urnas; pior, se esse resultado vai implementar estratégia de longo prazo para nos fazer um daqueles países que Bacha chama de "felizardos do pós-guerra", libertados da armadilha da renda média.

A democratização criou o Bolsa Escola e o Bolsa Família, mas não foi capaz de adotar uma estratégia para abolir a necessidade de os brasileiros dependerem de transferências estatais de renda para sobreviver na pobreza.

Apesar de imensa rede de auxílios e bolsas aos pobres, não fizemos um país estruturalmente mais justo; apesar do marco que significa o Plano Real e sua moeda, não fizemos um país com solidez monetária; apesar do aumento nos gastos com saúde e educação, não fizemos nosso país saudável e educado; apesar do crescimento durante alguns anos, não implantamos uma economia dinâmica, competitiva, inovadora pelos padrões globais. Mesmo a democracia radicalizada não fez uma democracia sustentável.

Talvez o erro do Brasil tenha sido a democracia corporativizada, sem visão de conjunto, sem estratégia de longo prazo, cada setor organizado querendo aproveitar o máximo de *sua força para o mais rápido possível locupletar-se dos recursos e dos produtos nacionais.*

Dentro da dialética do atraso, fizemos uma democracia antropofágica, e todos somos responsáveis, ainda que poucos sejam culpados. Como no caso do nazismo, a culpa foi dos nazistas, mas a responsabilidade foi de todo o povo alemão; por omissão ou incompetência.

Cristovam: Não nos faltou investir sobretudo no social, fazer uma revolução na educação de base, tornar o Brasil um país de ponta na Ciência e Tecnologia antes mesmo da industrialização, cuidar melhor do meio ambiente, evitar a migração em massa?
Bacha: Economista não tem toda essa influência. A ênfase sempre foi na industrialização. Funcionou bem durante muito tempo, mas não soubemos fazer a transição que os asiáticos conseguiram. A Coreia conseguiu ir da substituição de importações para a integração na economia mundial. Para nós, foi fácil simplesmente ir apropriando a tecnologia de fora e transferindo gente do campo para a cidade, crescendo enquanto a fronteira da tecnologia não era determinante. Quando chegou o momento em que dependíamos de capital humano, tecnologia, inovação, poupança, a gente não tinha nada disso.

Edmar Bacha nos provoca a imaginarmos quais as lacunas no pensamento econômico no Brasil, entre 1930 e os tempos atuais, que nos impediram de ser um dos "felizardos do pós-guerra".

O pensamento que orientou as políticas econômicas brasileiras na segunda metade do século XX permitiram as elevadas taxas de crescimento e a construção de uma modernidade apressada, mas levaram ao atual esgotamento da economia e à tragédia social: inflação, estagnação, pobreza, desigualdade, cidades degradadas, florestas destruídas, rios contaminados. Modernizamos a economia sem modernizarmos o pensamento que lhe servia de base e que também se esgotou na capacidade de entendimento da realidade mutante. O resultado é que o êxito técnico foi injusto, ineficiente e insustentável. Em um texto específico sobre isso, apresento sete lacunas do pensamento econômico brasileiro, no decorrer dos quase 100 anos, desde 1930.

- *Limites ecológicos ignorados: tratamos a natureza como uma dispensa eterna e uma lixeira infinita. O ambientalismo chegou ao pensamento social e à militância política apesar, não graças, aos economistas.*

- *Desprezo ao bem-estar: além de não levar em conta que o crescimento do PIB estava ameaçado de estancamento por limites ecológicos, o pensamento econômico desprezou indicações de que não basta aumento da renda e do consumo para melhorar o bem-estar social.*

- *Desentendimento de suas causas e desconsideração da pobreza e da desigualdade como entraves ao crescimento: o pensamento tratou a pobreza como questão social, decorrente da falta de renda devido à baixa produtividade e à concentração de renda, não como falta de acesso das famílias e pessoas aos bens e serviços essenciais, muitos destes – educação, saúde, saneamento, segurança – a serem ofertados por políticas públicas, não por demanda no mercado. Tampouco viu a pobreza como causa do mau desempenho da economia. Estas* têm sido duas grandes lacunas do pensamento econômico: não entender a pobreza como escassez real de bens e serviços essenciais e não perceber que a permanência da pobreza e da concentração de renda emperram o desempenho da economia, se não no curto, certamente no médio e longo prazos.

- Descuido com o avanço técnico e com a globalização: o Brasil foi um país emergente até que a concorrência global exigiu competitividade e inovação de nossa indústria viciada no protecionismo, sem um Sistema Nacional de Ciência, Tecnologia e Inovação. No lugar de promover o conhecimento e criar competitividade, o pensamento econômico optou por políticas fiscais e alfandegárias que protegeram a ineficiência. Essa lacuna dificulta economia dinâmica e sociedade justa: uma civilização próspera e sustentável. O resultado é que somos um emergente tardio, retardatário, despreparado para enfrentar a economia que surge no mundo contemporâneo. Ficamos para trás entre as nações capazes de emergir à Nova Era do conhecimento e da globalização plena.
- Desconsideração da importância do valor da moeda: até o Plano Real e a Lei de Responsabilidade Fiscal, salvo exceções de curta duração, os economistas tiveram pouca consideração com a integridade financeira do Estado. Aceitaram e usaram a ideia de que a inflação tinha um papel dinamizador da economia e que aumento de preços não agravava a pobreza, porque financiava serviços públicos e gerava emprego. Não trataram a moeda como um símbolo nacional. Por essa

razão, somos campeões mundiais em número de moedas, nove diferentes padrões entre 1942 e 1994: Réis – do período colonial a 1942; Cruzeiro – de 1942 a 1967; Cruzeiro Novo – de 1967 a 1970; Cruzeiro – de 1970 a 1986; Cruzado – de 1986 a 1989; Cruzado Novo – de 1989 a 1990; Cruzeiro – de 1990 a 1993; Cruzeiro Real – de 1993 a 1994; Real – de 1994 aos dias atuais.

- *Ignorar o esgotamento do Estado: deslumbrados com o êxito da intervenção dos governos, o pensamento econômico não levou em conta os limites do Estado: por seu esgotamento fiscal, impossível aumentar a carga de impostos; moral, em razão da corrupção entranhada na máquina, sob a forma de desperdícios, mordomias, propinas, roubos, prioridades injustas e a própria inflação; e gerencial, porque seu tamanho dificulta eficiência e uso de novas formas de gestão digital, que se chocam com a cultura burocrática, em parte decorrente da opção pelo Estado-empregador, característico dos períodos aristocráticos para proteger e beneficiar a nobreza.*

- *Ignorar o vetor educacional: de todas as lacunas no pensamento econômico, nenhuma é tão responsável por nosso atraso econômico e nossa tragédia social quanto ignorar a educação como vetor do progresso. Alguns chegaram a considerar a importância da tecnologia, da inovação, do ensino superior ou profissionalizante, outros que a educação de base era um serviço social que deveria ser provido por uma questão de justiça, mas os economistas não viram que a população educada é uma alavanca para o aumento da produtividade, da eficiência, da distribuição de renda, da paz nas ruas, da saúde pública, que ela ajuda a promover o fator confiança entre consumidores e investidores. Educação de base ainda não foi vista como um fator de produção.*

Cristovam: Você acha que Roberto Campos tentou passar aos militares a ideia de avançar da substituição de importações para a integração internacional?
Bacha: Houve uma tentativa, mas tinha uma base esquisita. Em 1964, o coeficiente de abertura do Brasil, a soma das exportações com as importações sobre PIB, era de apenas 5%. O Brasil era uma autarquia movida a café. É inacreditável, mas até 1964, o café ainda era mais de 50% de nossa pauta exportadora. A gente não tinha uma indústria preparada para competir lá fora. Acho que esse foi o grande problema. O outro problema foi nossa dependência ao Estado, a crença de que o Estado pode resolver tudo. Foi importante numa época; mas ele passou e continuamos apostando na mesma tecla. A transição de país de renda média para país rico exige transformação estrutural fundamental. Uma coisa é ir de pobre para renda média. Fomos muito bem. Outra coisa é ir da renda média à renda rica. Aí não soubemos fazer. Em parte, por conta dessa dependência ao Estado e, em parte, por construir uma indústria voltada para seu próprio umbigo.

Bacha chama atenção ao fato de que o salto de renda média para renda alta exige mais do que investimentos, infraestrutura e subsídios, exige também reformas estruturais e organização apropriada da economia e da sociedade; e provoca a visão de que os impedimentos em que esbarramos decorrem de três atavismos brasileiros: olhar para dentro, depender do Estado e não valorizar a educação. Impedimentos que unem esquerda e direita: todos estatistas olhando para dentro. Divergem se o beneficiário deve ser uma classe ou outra, até mesmo sobre o tamanho do Estado, mas convergem à ideia de que tudo depende do Estado, que é preciso sugá-lo para compensar nossas ineficiências. E para usar e abusar do Estado, unem-se no desprezo ao valor estável da moeda.

Cristovam: Você acha que a barreira está na produtividade, que não cresce?

Bacha: Graças às economias de aglomeração, a cidade é muito mais produtiva do que o campo, que tem população dispersa. A migração interna do campo para a cidade, do Norte e Nordeste para o Centro-Sul, criou uma dinâmica de aumento da produtividade por deslocamento de mão de obra. Durante certo tempo, isso satisfez e compensou a falta de investimentos em educação, tecnologia e poupança. Era uma etapa fácil de crescimento. Na hora que isso ficou difícil, continuamos insistindo no mesmo modelo. Outro dia fiz uma palestra dizendo que as coisas também não estavam tão ruins assim como o PIB indica, porque nos anos 1960 e 1970, o Brasil era muito atrasado e hoje é um país relativamente moderno, entre aspas. Pensa bem. Tínhamos uma coisa chamada *Telebrás*. Você lembra que você punha seu telefone na lista de seus bens para a Declaração do Imposto de Renda? Telefone fixo era um bem. Aqui a gente inventou um negócio chamado *Lei de Informática*, de 1984: a gente não deixava as pessoas terem computador. Nós nos amarramos no modelo errado. Tenho um artigo com Bolívar Lamounier que termina assim: "nós demos tão certo que não conseguimos nos libertar do passado"

> *Nós nos amarramos. O Brasil tem apego às algemas. Por 350 anos, mantivemos o país algemado à escravidão; até 1930, a República nos algemou ao café; a partir daí, aos subsídios estatais e à proteção alfandegária; de 1964 a 1985, à ditadura militar; e, desde então, à ditadura das corporações.*

> *Até certo ponto, nós demos tão certo que não soubemos nos livrar das amarras do passado, que davam certo. Cláudio de Moura Castro diz que demos tão certo durante 100 anos – o país que mais cresceu neste período – que não sentimos necessidade de mudar nossas estruturas, nossas vocações, nem nossos propósitos. Agora fica a dúvida se isso foi um erro dos príncipes – políticos e militares – ou se também houve um erro dos assessores dos príncipes, como nós. Ou seja, até que ponto nós, os economistas, não soubemos formular a ideia certa? Cláudio diz que a Coreia do Sul não serve de exemplo porque, no século IV, já era um país avançado em educação e na estrutura do Estado. Não daria para a gente se comparar.*

> *Nós não percebemos a dimensão da revolução científica e tecnológica da nova indústria. Não vimos que a dinâmica industrial vinha agora da inovação no conhecimento que permitia novos produtos, e não mais simplesmente do aumento na produção dos produtos tradicionais. Vimos o computador como uma máquina, não como um cérebro artificial, e por isso preferimos proteger a indústria que*

fabricava cada um deles no lugar de estudar como criá-los cada vez mais potentes, mais rápidos, menores e mais fáceis de serem usados. Tratamos o novo tempo digital como se ainda fosse o tempo analógico. Não entendemos que formar matemáticos era tão importante quanto formar engenheiros mecânicos, assim como era essencial montar laboratórios de pesquisa conectados ao mundo no lugar de fábricas de montagem de computador sem inovação. Preferimos proteger a implantação de parques industriais antigos com as velhas práticas fiscais a incentivar a criatividade. Em vez de comemorarmos novos computadores que chegavam, multávamos quem os trouxesse na bagagem depois de viagem ao exterior. Continuamos pensando "analogicamente" em um tempo que já se anunciava "digital".

Cristovam: Até que ponto a falha foi dos príncipes ou dos assessores?
Bacha: Outra maneira de colocar seria: foram os interesses ou foram as ideias? Eu acho que foram os interesses. Uma elite muito ruim. Temos um país relativamente grande para ela, e ela se apropriou do Estado, tanto de fora dele para dentro quanto de dentro dele para fora. E agora impede que o processo de inovação e de transformação ocorra. Por exemplo, bato nesta tecla há anos, o que está impedindo o país de se abrir ao mundo? São as ideias dos economistas de Campinas? É o nacional desenvolvimentismo? Ou são os grupos industriais e tantos outros que se beneficiam da proteção? Acredito que a ideologia é usada para legitimar os interesses. A abertura comercial não é adotada porque não corresponde aos interesses das elites.

Bacha levanta a constatação de que a repulsa à abertura comercial é uma posição ideológica das classes dirigentes brasileiras, acostumadas a ter sua ineficiência protegida. Insinua com lucidez e coragem que essa ideologia permeia o pensamento político brasileiro na direita e na esquerda: todos defensores do protecionismo ao capital industrial ineficiente e à ineficiência da mão de obra. A diferença entre direita e esquerda não é sobre proteger ou promover, mas se protege apenas o capital ou também o trabalho. Essa ideologia da proteção contra a ideologia da promoção se manteve quando o capital passou a ser o conhecimento. Prisioneira do economicismo protecionista, a economia não percebeu que a educação é o principal vetor do progresso e da distribuição de seu produto.

Esquerda e direita, economistas e empresários continuam aliados na proteção ao capital e ao trabalho ineficientes. Em vez de financiar empresas inovadoras, os bancos estatais apoiam empresas ineficientes, dizendo que isso é feito em nome de desenvolvimento e do emprego. No lugar de fazer uma revolução na educação de base que eleve a qualidade e a produtividade do trabalhador, prefere-se protegê-lo com leis que não resistem à marcha do avanço tecnológico. Em consequência, a economia patina e os trabalhadores hoje protegidos serão sacrificados no futuro, sem emprego e sem renda.

Cristovam: São os formuladores do futuro que não vendem bem suas ideias ou são os beneficiários do atraso que não querem o novo?

Bacha: Há uma exploração oligopolista do mercado interno. É um oligopólio que não inova porque não precisa, uma vez que está protegido, não tem concorrência e não precisa de tecnologia porque está limitado ao mercado interno. Não precisa de escala e não se especializa simplesmente porque não precisa. Porque o novo ameaça, tanto fora quanto dentro do governo. Se o novo entrar, se fizer uma reforma administrativa para valer no governo, se abrir a economia para o mundo, não se sabe quem vai continuar se beneficiando da posição de que dispõe. As corporações não querem o novo.

> *Fala-se nos donos do poder pensando nos empresários, políticos, e se esquece a máquina burocrática assustada com medo de perder poder, controle e, consequentemente, renda. Alguns porque vão perder salário, outros porque vão pagar imposto, outros porque vão perder o controle das regras fiscais. Na discussão da reforma do ensino médio proposta no governo Temer, os sindicatos de professores se opuseram à possibilidade de o aluno poder escolher o itinerário de disciplinas que seguiria, de acordo com seus gostos e suas vocações, porque os professores tinham medo de perder o controle da definição das grades de disciplinas a serem seguidas e do risco de perder emprego por falta de alunos. Surgiu uma aliança da corporação sindical com a corporação ideológica, algemando o ensino médio.*

Bacha: O pessoal da tributação, da Secretaria da Receita, é tradicionalmente a coisa mais imóvel que existe neste país. Não quer tomar nenhum risco de perder arrecadação. Você pode perguntar por que esse pensamento atrasado persiste.

Há uma explicação marxista, porque serve aos propósitos econômicos prevalecentes, é uma mera superestrutura da infraestrutura econômica. Mas há outra pergunta: por que ideias erradas são tão fortes no Brasil? Tão mais fortes ainda na Argentina?

Essa pergunta de Bacha merece toda atenção. As classes dominantes econômicas têm medo do povo, e as classes dominantes burocráticas têm medo do novo. Essa aliança da burguesia com a burocracia – o antipovo com o antinovo – emperra a eficiência econômica que aumentaria a renda de todos e a justiça social ao distribuí-la em benefício das camadas pobres.

As ideias atrasadas ficaram fora de lugar na lógica do avanço tecnológico e do interesse nacional, mas estão de acordo com os interesses dos indivíduos que as controlam e se beneficiam delas. São atuais ao passado: fósseis vivos em um mundo no qual já não cabem, mas ainda atendem aos interesses antigos que não foram superados. Mais uma vez, cabe lembrar Ignácio Rangel sobre a dualidade brasileira da convivência entre o novo e o velho, que caracteriza o Brasil.

Cristovam: Você quer ficar mais conhecido como um dos pais do Real ou como o criador da ideia de Belíndia?
Bacha: São duas coisas muito distintas. Belíndia é uma fábula sobre crescimento e distribuição de renda. A fábula de Belíndia era isso. Um economista visitando o Rei de Belíndia, que pediu para ele calcular o crescimento econômico no reino. O economista faz a ponderação de que o PIB, que todo mundo olha, é

apenas o felicitômetro dos ricos, pois as pessoas são medidas pelo valor de sua renda. Não é um critério de bem-estar social aceitável. Na fábula, o economista, que era social-democrata, olhou para a má distribuição de renda de Belíndia e falou para o Rei: "Essa grana toda só vai para os ricos, não sobra para os pobres! Precisamos de uma medida que privilegie e dê mais peso à renda dos pobres do que à renda dos ricos". Um critério para avaliar o bem-estar com outra medida, cujo valor não esteja nos ricos. Devemos ponderar o crescimento da renda das pessoas inversamente ao seu nível de renda. O inverso do PIB. O Rei fica impressionado com as ponderações e acorda no dia seguinte com essa luz: "o PIB é o felicitômetro dos ricos". Demite seu conselheiro de finanças que sempre dizia para ele que era preciso primeiro crescer e só depois distribuir. Manda que, a partir daí, o instituto que calculava as estatísticas estimasse o crescimento da renda de acordo com as fórmulas que o economista indicou para saber direito quem estava se beneficiando. A fábula termina afirmando que, embora continuasse sendo relativamente pobre, Belíndia pelo menos passou a ter medidas honestas de crescimento. E a moral era: "Não se fazem mais reis como antigamente". Isso publicado nas páginas centrais do jornal de oposição *Opinião*, em 1974, teve um grande impacto. A ditadura nunca tinha visto uma coisa daquele tipo. Já havia debate sobre distribuição de renda, mas era acadêmico. Chamaram-me para conversar em Brasília, "me explica isso direito", "o que a gente pode fazer?". Os militares estavam muito preocupados. Médici, em 1970, visitando o Nordeste, perguntaram para ele como as coisas iam e ele disse: "a economia vai bem, mas o povo vai mal". Tenho muito orgulho de ter provocado aquele impacto. Belíndia foi um nome *sexy*.

Não foi apenas uma ideia sexy, foi uma ideia certa, no momento certo, apresentada com coragem. E muito mais: foi uma ideia defendida por um acadêmico respeitado escrevendo fora do jargão acadêmico, para o grande público. Além disso, Bacha criticou a ideia do espalhamento, o trickle-down: ao crescer o PIB, a renda se espalharia automaticamente do topo à base da pirâmide social, eliminando as necessidades dos pobres, empregados e assalariados. Ele divulgou no grande público, em linguagem inteligível, a ideia de que isso não funcionava, pelo menos automaticamente. Foi uma crítica ao pensamento predominante. Anos depois, Muhammad Yunus e Amartya Sen fizeram o mesmo, e ambos ganharam o Prêmio Nobel. Vinte e cinco anos depois, Abhijit Banerjee e Esther Duflo também receberam o Nobel com críticas à visão de vincular erradicação da pobreza ao crescimento econômico. Bacha alertou também para o fato de que a renda não representa necessariamente o bem-estar, mesmo se distribuída.

Esse alerta ainda não se transformou em uma teoria predominante no pensamento econômico brasileiro. São poucos os professores que denunciam, criticam e buscam desenvolver novos indicadores que: substituam o PIB como indicador de riqueza; vão além da distribuição de renda como estratégia para erradicar a pobreza, e, no lugar de distribuir renda para que os pobres transformem necessidade em demanda, proponham aumentar a oferta e garantir o acesso dos pobres a bens e serviços que atendam diretamente às necessidades essenciais.

Foi uma fábula que provocou enorme impacto. Ajudou os mundos acadêmico e político, assim como a população, a perceberem dilemas, horrores e limites morais do crescimento econômico e do PIB como o indicador de progresso. Mas ainda não despertou para o problema dos limites ecológicos ao crescimento, nem para a crítica do PIB como elemento insuficiente para o bem-estar social. Tampouco considerou que a permanência da pobreza é um fator inibidor do crescimento econômico, e não consequência da falta dele. Foi uma fábula sobre a distribuição de renda, não sobre a insuficiência da renda, não apenas em seu tamanho e sua distribuição, mas em seu conceito como medição de riqueza, ou de pobreza real.

A ideia da linha horizontal de pobreza, definida por uma renda mínima diária necessária, está longe de atender à conceituação de pobreza e sua superação. O problema da pobreza é a incapacidade de acesso para os pobres às cestas de bens e serviços essenciais: comida, atendimento de saúde, educação de base com qualidade, um endereço limpo, com água potável, saneamento, coleta de lixo, segurança, transporte urbano, poupança mínima para aposentadoria na velhice ou para momentos de crise durante a vida útil. Destes itens, apenas comida, transporte urbano e poupança exigem renda. Por isso um programa de renda mínima serve para enfrentar a penúria, mas não permite saltar do estado de pobreza ao estado de não pobreza.

Em vez de utilizar a linha da pobreza, definida monetariamente pela quantidade de dinheiro para comprar o suficiente para a família sair da pobreza, o pensamento socioeconômico-ético-ecológico deve considerar um "piso social" abaixo do qual as pessoas são pobres por sobreviver sem acesso aos bens e serviços essenciais.

Com Belíndia, Bacha abriu o horizonte da reflexão moral, incompleta até hoje, sobre o papel da economia na construção de uma sociedade sem pobreza.

Sentados, da esquerda para a direita: Persio Arida, Paulo Hartung, Cris Schmidt, Edmar Bacha, Claudia Costin, Mailson da Nóbrega, Ana Carla Abrão e Pedro Parente.

Em pé: Pedro Malan, Gustavo Franco, Joana Monteiro, José Augusto Fernandes, Amaury Bier, Sergio Werlang, Ana Paula Vescovi e Murilo Portugal.

Lançamento do livro *A arte da política econômica* em São Paulo, em 2023.

Abhijit Banerjee
Economista indiano, nascido em Mumbai, em 1961, recebeu o Prêmio Nobel em 2019 por seu trabalho relacionado à superação da pobreza. Em seu livro *Poor economics*, escrito com Esther Duflo, ele avança na teoria também desenvolvida por outros economistas em diversos países, inclusive no Brasil, de que o alívio ou mesmo a superação da pobreza deve ser buscada por políticas sociais diretas, sem esperar pela tradicional proposta de esperar pelo crescimento econômico e o derrame da renda desde o topo à base da pirâmide social. Em seu livro, embora vinculando a ideia ao exemplo do México, que teve inspiração no caso brasileiro, ele recomenda especialmente a transferência de renda condicionada à educação, do tipo que a Bolsa Escola foi pioneira. Com isso, deixa de reconhecer as ideias desenvolvidas no Brasil de incentivos fiscais e de keynesianismo social e produtivo.

Esther Duflo
Economista francesa, nascida em 1972, que se destaca pelo trabalho experimental em políticas de alívio da pobreza. Recebeu o Prêmio Nobel de 2019, ao lado de Abhijit Banerjee, com quem escreveu o livro *Poor economics*. É professora da cadeira de Economia para o Alívio da Pobreza e para o Desenvolvimento, no MIT. Graduou-se na École Normale Supérieure e fez seu doutorado na École des Hautes Études en Sciences Sociales, em Paris.

Cristovam: Belíndia foi resultado de uma inspiração, e como foi a construção do Plano Real?
Bacha: Nos primeiros anos da década de 1980, contribuí na PUC-Rio com dois artigos – um com Chico Lopes sobre o papel da política salarial no processo inflacionário, e outro sobre a

natureza da questão fiscal na inflação brasileira. Deu até origem ao que o pessoal da PUC-Rio chama de *Efeito Bacha*, mas que eu prefiro denominar de *Efeito Guardia*, pois foi a tese de mestrado do Eduardo Guardia que me inspirou – uma coisa que você, como foi Governador, sabe muito bem: nada como uma boa inflaçãozinha para ajustar as contas do governo. Você se senta em cima do gasto, os impostos crescem e você paga tudo. É um ganho que o governo tem com a inflação, independentemente da demanda de moeda, porque funciona pela via do controle do caixa: apenas por controlar seus desembolsos, você consegue equilibrar as contas.

> *O efeito identificado por Bacha tem sido praticado desde os anos 1950 pela aliança entre os políticos populistas irresponsáveis com os economistas acomodados intelectualmente. O primeiro grupo quer gastar mais em troca de votos para a próxima eleição, ao passo que o segundo busca obter reconhecimento imediato, sem respeito às consequências no médio e longo prazos.*
>
> *É surpreendente como essa aliança já tem mais de 70 anos e unifica quase todas as correntes de pensamento, de esquerda ou direita, que não demonstram sensibilidade para as consequências sociais provocadas pela inflação. Não percebem que ela termina agravando a pobreza, provocando recessão, desemprego, concentração de renda, desarticulação dos serviços sociais, desmoralização da democracia. Ainda mais grave, quando o valor da moeda é corrigido para os que têm acesso às correções, a inflação se torna o principal vetor da arquitetura da concentração de renda.*

Importaram os esquemas de Keynes sem adaptá-los à realidade brasileira: nossa crise é estrutural, não conjuntural; nossos políticos não têm compromisso com equilíbrio fiscal; a moeda é sem tradição de valor estável ao longo da história. Daí a opção de desvalorizar a moeda em vez de aumentar impostos ou reduzir gastos. Assina-se um contrato por determinado valor e paga-se com dinheiro que vale menos. O aumento de impostos é substituído pelo pagamento com cheque meio sem fundo da moeda desvalorizada.

Pode ser uma corrupção perversa ou uma corrupção Robin Hood, se os recursos adicionais do Tesouro forem bem utilizados. Mas, de qualquer forma, a inflação é um tipo de corrupção tolerada do Estado sobre a sociedade e dos patrões sobre os salários dos trabalhadores.

Francisco Lafaiete de Pádua Lopes (Chico Lopes)
Nascido em 1945, em Belo Horizonte, filho do importante economista Lucas Lopes, que teve papel decisivo ao lado de Juscelino Kubitschek, com destaque no Ministério da Fazenda e no BNDES (à época, BNDE). Fez o curso de Economia na UFRJ, mestrado na Fundação Getúlio Vargas e doutorado em Harvard. Chico Lopes faz parte do brilhante grupo de professores da PUC-Rio, com Pérsio Arida, André Lara Resende e Edmar Bacha, formando o núcleo heterodoxo que trouxe nova visão para o entendimento e a formulação de políticas econômicas para o país, especialmente no enfrentamento do processo inflacionário. Foi um dos formuladores do Plano Cruzado e do Plano Bresser, participando da concepção do Plano Real, além de ter sido diretor do Banco Central entre 1995 e 1998, no momento de implantação da nova moeda. Foi um dos principais professores do então recém-criado Depar-

tamento de Economia da UnB, no início dos anos 1970. Marcou o pensamento econômico brasileiro com sua tese de doutorado e artigos inovadores sobre o tema da inflação.

John Maynard Keynes
Certamente o mais criativo e influente economista dos séculos XX e XXI, até o presente. Nascido em Cambridge, na Inglaterra, em 1883, apenas três meses depois da morte de Marx, e falecido em 1946. Serviu por dois anos na Índia, antes de voltar para estudar economia no King's College. Seu livro *A teoria geral do emprego, do juro e da moeda* revolucionou o entendimento da macroeconomia e o papel do Estado na recuperação do desequilíbrio econômico e na promoção do crescimento. O keynesianismo se transformou em uma filosofia e política econômica decisiva na condução da economia. Além de sua genialidade, Keynes foi beneficiado por viver o desafio do período entre os anos 1920 e 1946, com duas guerras mundiais, o fim do padrão ouro, a organização dos sistemas internacionais de finanças, moedas e comércio, ele foi capaz de pensar as catástrofes e oferecer soluções. Foi talvez o primeiro economista conhecido e admirado em todo o mundo, especialmente no Ocidente. Faleceu com apenas 62 anos, logo depois de terminar o trabalho de principal arquiteto da economia mundial nos anos seguintes do século XX até hoje; apesar de contestações a suas ideias, sobretudo com críticas feitas pelos monetaristas a partir dos anos 1970. O keynesianismo e o neokeynesianismo nunca deixaram de influir na formação do pensamento e nas políticas econômicas. Suas ideias serviram de base para o pensamento chamado de *social-democrata* e em consequência para induzir os benefícios sociais decorrentes.

Cristovam: Quais foram as maiores catástrofes monetárias que você estudou, tanto em sua formação quanto na formulação da estratégia para o Real?

Bacha: Tem uma recente que foi a maior da história, a do Zimbabwe. Antes dessa, o recorde havia sido na Hungria em 1944, e antes disso, após a Primeira Guerra, na Alemanha, Áustria, Polônia e Hungria novamente. Na América Latina, acho que a Bolívia talvez tenha sido a maior, até que Jeffrey Sachs assessorou na estratégia que estabilizou a moeda boliviana. Fizeram uma parada súbita ancorada no dólar. Durante nossa ditadura militar, o Brasil seguiu o caminho da acomodação inflacionária através da indexação, que acabou permeando toda a economia, inclusive o sistema financeiro. Até hoje, o título do tesouro mais popular é o indexado pelo Índice Nacional de Preços ao Consumidor Amplo (IPCA).

Jeffrey Sachs
Nasceu em Detroit, nos Estados Unidos, em 1954, e fez doutorado em economia na Universidade de Harvard, em 1980. Desde 2002, é professor da Universidade de Columbia. Sua carreira se caracteriza por duas fases distintas. Primeiro, assessoria a países tão variados como a Bolívia na luta contra a inflação, e Rússia e Polônia, na transformação das economias socialistas em economias liberais. No caso da inflação boliviana, coordenou a elaboração e a execução do plano de estabilidade monetária. Em meados de 1980, no prazo de poucos meses, derrubou a taxa de inflação de 40.000% ao ano para próximo a 0%. Apesar dos custos sociais e da instabilidade política, o sucesso da estabilização monetária naquele país se mantém 40 anos depois de seu trabalho. No caso da Rússia e Polônia, ele teve menos sucesso, e esses países termi-

> naram encontrando seus caminhos com outras estratégias. Na segunda fase de sua carreira, a partir do início do presente século, com a publicação do clássico *The end of poverty: how we can make it happen in our lifetime*, o mundo descobriu um Jeffrey Sachs orientado e dedicado à luta pelo equilíbrio ecológico e contra a pobreza no mundo. Desde então, além do sucesso de suas ideias, dirige o Instituto Terra da Universidade Columbia e é diretor do Projeto do Milênio das Nações Unidas. Sachs faz parte de movimentos internacionais contra políticas, baseadas em estratégias ortodoxas e de austeridade fiscal com propósito de recuperar estabilidade para economias em crise seja por inflação, seja por estagnação. Com seus êxitos e fracassos, militância e reflexões, Sachs é certamente uma das mais importantes mentes e personalidades do pensamento e da ação econômica na passagem do século XX para o XXI.

Cristovam: A indexação é uma invenção brasileira para atender ao nosso gosto por acomodamento em vez de enfrentarmos estruturalmente os problemas?
Bacha: Não é nossa invenção, mas ninguém a aperfeiçoou ao ponto que nós fizemos. A ideia inicial do governo militar foi dinamizar o mercado de capitais. Já em 1964, a chamada *correção monetária* foi criada para financiar a dívida pública e lastrear os títulos privados. De emissão de títulos públicos com correção monetária passou-se ao resto da economia. Mário Henrique Simonsen tem um livro só sobre indexação: *30 anos de indexação*. Depois da dívida pública, passaram a indexação para os preços dos serviços públicos. A etapa seguinte foi indexar os impostos através da ORTN (Obrigações Reajustáveis do Tesouro Nacional). O primeiro interesse era

assegurar financiamento, depois assegurar que não houvesse o que ficou conhecido na literatura como *efeito Olivera-Tanzi*: a corrosão da arrecadação tributária pela inflação em razão da defasagem entre a data do ato gerador dos impostos e a data de seu recolhimento ao Tesouro. Anos depois, a ORTN virou a UFIR (Unidade Fiscal de Referência), variando diariamente de acordo com a inflação. Além dessa questão das contas públicas, tinham resolvido silenciar os sindicatos trabalhistas e precisavam montar um mecanismo para correção dos salários sem necessidade dos acordos e dissídios coletivos. Inventaram a fórmula da política salarial. Foi Simonsen quem inventou, inicialmente com base na inflação passada e na inflação prevista e depois com a correção dos salários integralmente pela inflação dos 12 meses anteriores.

> *Os grandes picos inflacionários no exterior, que Bacha lembra, foram tão devastadores que duraram pouco tempo. Ao contrário, o Brasil aprendeu a conviver com inflação alta sem as "hiper hiper" daqueles países. Talvez por isso temos sido menos exigentes para interromper a inflação, como um viciado que aprende a não tomar overdose, e assim se manter no vício por longo período, sem morrer ou virar zumbi social nas ruas.*
>
> *Foi o uso generalizado de indexação que fez o Brasil não ter picos maiores de hiperinflação, mas fez a população sofrer com inflação quase permanente, com curtos períodos de estabilidade, mesmo assim, instáveis. Hungria, Alemanha e Bolívia tiveram picos hiperinflacionários, mas a inflação durou instantes da história. A nossa é quase secular. O próprio Plano Real começou com inflação baixa, mas precisou*

de Teto de Gastos na Constituição e nem assim segurou os déficits fiscais, nem as pressões inflacionárias.

A economia e a sociedade do Brasil estão em um constante exercício de adaptação, conivência e convivência com as dificuldades, sem fazer as reformas estruturais necessárias. Usa protecionismo alfandegário para driblar a ineficiência tecnológica, a improdutividade e os altos custos de produção; cotas para entrar no ensino superior, sem ter de melhorar a educação de base; Bolsa Família para compensar, no lugar de corrigir as consequências sociais da concentração de renda. Por isso comemora aumento no número dos que recebem em vez de comemorar a diminuição no número dos que precisam; subsídio à educação e à saúde privadas para não oferecer esses serviços com qualidade para todos; os muros dos condomínios e os altos custos de policiamento no lugar de enfrentar as causas da violência urbana e construir cidades pacíficas.

Recentemente nos acostumamos com a expressão "negacionismo" para indicar o desrespeito à realidade mostrada pela ciência. O maior exemplo foi a recusa ao uso de vacina para enfrentar o coronavírus e estancar a pandemia de covid-19. Mas o negacionismo tem história mais antiga e ainda continua na maneira como governos tratam a economia, especificamente as finanças públicas e a formação de preços. É surpreendente como políticos que se dizem comprometidos com a ciência se comportam como "terraplanistas" na hora de tratar a economia. São irresponsáveis ingênuos, quando acham que podem fazer o bem social ignorando a realidade do processo econômico, ou irresponsáveis populistas, conscientes das consequências negativas de suas ações no médio prazo, mas mesmo assim negacionistas em busca de reconhecimento ou de votos no curto prazo eleitoral.

Cristovam: *Você acha que a cultura brasileira do pós-Guerra nos empurra para a inflação permanente? Será que temos mais vocação para inflação de que outros países? Por que outros países seguraram a estabilidade e o Brasil tem tanta dificuldade?*
Bacha: Esse é um problema. Mas não é cultura só brasileira, é latino-americana. Não é uma característica dos países asiáticos que, ao contrário dos latino-americanos, conseguem crescer sem inflação. Mesmo tendo sido "subdesenvolvidos", agora emergiram, sem inflação. E com taxas de poupança muito altas. Também fizemos a opção por um Estado de bem-estar social distorcido, o que não existiu na Ásia.

Mais uma vez, Bacha nos leva a refletir sobre a questão da cultura – a maneira como a população pensa – na economia. Embora não se deva generalizar, os países da Ásia têm uma maneira de ver, pensar e sentir a coletividade na frente do indivíduo e o longo prazo na frente do imediato. No Ocidente, vemos o individualismo como grande conquista da civilização, a partir do século XVII, e, de fato, foi a valorização da individualidade sobre o espírito coletivo da tribo que levou ao progresso industrial. A economia, como nós conhecemos, é produto desse avanço que agora cobra um preço na desigualdade, nas mudanças climáticas, na migração em massa. Em algumas sociedades, ainda mais que em outras. Especialmente quando o individualismo se une ao hedonismo – a preferência pela realização dos desejos imediatistas de cada indivíduo, independentemente de seu próprio futuro e do bem-estar dos outros. É esse individualismo hedonista que dificulta nossa capacidade de poupança. Para dar o salto a uma economia civilizadora com sustentabilidade, o Brasil vai precisar sobretudo de sistema educacional universal que forme uma sociedade com menos individualismo e menos imediatismo.

Cristovam: *Os chilenos têm taxa de poupança razoável e estabilidade monetária sólida. Como eles escaparam da cultura inflacionista latino-americana?*
Bacha: Sim, depois de todo o trauma que passaram com Pinochet. O Alejandro Foxley trabalhou comigo quando estive no Chile em 1968/69, depois foi fazer o doutorado nos Estados Unidos. Quando voltou, foi o primeiro Ministro da Fazenda do governo da democracia. Somos muito amigos. Uma vez, ele se virou para mim e disse, brincando: "Bacha, muito obrigado por vocês e os argentinos terem redemocratizado antes da gente, porque fizeram tudo errado, aí a gente sabia o que era para não fazer".

Os chilenos aprenderam a lição. Não apenas os economistas, mas também os políticos, os empresários e os sindicalistas entranharam a responsabilidade fiscal, nós continuamos estranhando em vez de entranhando. Às vezes, uma letrinha faz muita diferença. O atual presidente Gabriel Boric era estudante de esquerda até um dia desses, mas demonstra dois compromissos: com os direitos humanos e com a estabilidade. Conseguiu escapar do negacionismo de muitos da esquerda nostálgica: a "eXquerda".

Alejandro Foxley
Economista e político chileno, nascido em 1939, em Viña del Mar. Formado em Engenharia Civil pela Pontifícia Universidade Católica de Valparaíso, doutor em Economia pela Universidade de Wisconsin. Foi Ministro da Fazenda e das Relações Exteriores do Chile e Senador da República Chilena entre 1998 e 2006.

Bacha: O Chile foi muito ajudado também por ter tido enorme capacidade para administrar seus recursos naturais. Conseguiram criar um mecanismo de uso do cobre não somente como recurso de financiamento do governo, mas também de estabilização da economia. É interessante que mesmo um governo tão privatista, como foi o de Pinochet, manteve a Codelco estatal. Abriu a possibilidade de exploração privada para outras empresas, mas a Codelco continua sendo, de longe, a maior empresa. Até hoje, 40% do que o Chile exporta ainda é cobre. Isso mostra muito bem que o problema não é a natureza do produto exportado, mas como a renda que ela gera é usada. A Noruega basicamente exporta petróleo e derivados, e é um dos países mais ricos do mundo. A questão é como se administra essa riqueza que não caiu do céu, mas brotou da terra.

O Brasil teve diversos produtos: açúcar, ouro, prata, algodão, borracha, café, soja. Mas não soubemos administrá-los, como o Chile fez com o cobre, e a Noruega, com o petróleo. Eles usaram uma riqueza natural para dar estabilidade e dinamizar a economia, nós a usamos para aumentar o consumo, desperdiçar riqueza, permitir ostentação, aumentar a corrupção.

O acúmulo gerado pelo café foi o único aproveitado, ao financiar a industrialização, mas só depois que o mercado internacional afundou em 1929 e fomos empurrados a substituir as importações. Todos os outros recursos foram desperdiçados no passado. A soja e o petróleo do Pré-Sal estão sendo usados no presente, como se fossem eternos. Os empresários do agronegócio não percebem que, em algum momento, o "boom" vai acabar, porque a China vai produzir soja e carne mais perto de suas fronteiras, e o avanço técnico pode substituir seus produtos naturais por outros, inclusive alimentos sintéticos. Deveriam olhar para o que ocorreu com o ciclo da borracha na Amazônia: a seringueira foi levada para a Malásia e logo depois também substituída por borracha sintética. Apesar das lições da decadência dos ciclos anteriores, o agronegócio não criou um fundo para investir na economia do futuro, baseado no conhecimento e na biodiversidade.

No filme Fitzcarraldo (1982), *de Werner Herzog, há uma cena icônica da cultura econômica brasileira: o momento em que o cocheiro oferece champagne ao cavalo enquanto ambos esperavam o patrão exportador de látex sair do teatro, onde assistia uma ópera trazida da Europa. Pena que nem os militares, nem os políticos, nem os economistas, tenhamos nos preocupado com a cultura consumista, depredadora, ostentatória, desperdiçadora e dilapidadora que caracteriza a sociedade brasileira. Como se o tempo econômico fosse carnavalesco e devêssemos aproveitar os dias de carnaval que o momento oferece. Não nos preocupamos em construir uma mente poupadora, austera, não desperdiçadora, nem ostentatória. Desperdiçamos no consumo, na ostentação e em obras faraônicas, muitas inacabadas. A palavra austeridade tem sido tratada como uma blasfêmia econômica.*

No começo dos anos 1980, eu estava em Manaus, em uma tarde calorosa, quando o motorista apontou ao lado e disse: "Viu os vidros fechados daquele fusquinha? O dono fecha para as meninas pensarem que o carro tem ar-condicionado". Vi o perfil do fusquinha parecido com um mapa estilizado do Brasil.

Cristovam: *De que maneira seu período no Chile foi importante para sua formação?*
Bacha: Passei só doze meses, mas foi importante porque, naquela época, tinha ditadura na Argentina, no Uruguai e no Brasil, enquanto os países do grupo andino – Chile, Peru, Colômbia e Venezuela – eram todos democracia, com uma tentativa de integração regional. Lembro que um dos problemas que tínhamos na Odeplan era como lidar com a industrialização automobilística, que o Chile, um país pequenininho, tinha copiado da Argentina e do Brasil. O carro era montado em Santiago, e as rodas, produzidas em Arica, no Norte, para fortalecer essa região tomada na Guerra do Pacífico. O pequeno Citroën 2CV (*deux chevaux* – dois cavalos, em francês) custava 10 vezes mais que o 2CV francês. Naquela época, a ideia de industrialização era muito forte, por isso pensávamos em implantar uma indústria a partir dos recursos naturais – cobre, vinho, frutas, turismo, enfim.

Até hoje prevalece o mimetismo e o voluntarismo como base para as políticas econômicas visando ao desenvolvimento. Imitação no propósito, na indústria automobilística e nas ferramentas, sobretudo o keynesianismo ou o marxismo, com o intuito de construir uma modernidade apressada simbolizada no lema "50 anos em 5", usando a aliança entre políticos populistas e economistas acomodados na tentativa de executar engenharia social por meio de protecionismo alfandegário, déficit fiscal, política de subsídios, depredação ecológica. Nos países socialistas, isso funcionou por décadas graças ao controle social por regimes políticos autoritários, mas, em sistemas democráticos, logo provoca inflação, recessão, desequilíbrios na balança de pagamentos, desigualdade, violência, ineficiência, paralisações.

Cristovam: A industrialização forçada parou quando os Chicago Boys chegaram?
Bacha: Foi terra arrasada. Eles acreditavam na teoria monetarista da inflação em economia aberta e na intervenção mínima do Estado e abriram a economia com câmbio fixo. Provocaram enorme pressão de custo sobre as empresas chilenas. Só resolveram o problema dez anos depois, quando, em 1983, finalmente jogaram a toalha e desvalorizaram o câmbio. Aí, esse modelo, que era totalmente neoliberal, como se diz hoje, adquiriu tonalidades um pouco mais razoáveis com mecanismos racionais de intervenção na economia.

Cristovam: *A âncora cambial não foi o que nós também fizemos nos primeiros seis anos do Real?*

Bacha: Sim. A gente passou da conta. Na proposta inicial que tínhamos para o Real, conforme registrado nos documentos da época, a ideia era que, a partir do segundo ano, o câmbio seria flutuante. A ideia da ancoragem no dólar era estritamente provisória, inclusive para criar certo impacto de que o Real valia tanto quanto a moeda americana. Uma opção mais psicológica. E teve um efeito inicial positivo. Você lembra que tivemos que negociar com o Congresso para manter a indexação dos salários por um ano. A partir do segundo ano do Real, não tinha mais indexação de salários, já era possível ter adotado um sistema de câmbio flutuante, com metas de inflação. Os salários passaram a ser livremente negociados, e a inflação já tinha atingido patamares inferiores a 10% ao ano. Quando saí do BNDES, em outubro de 1995, a inflação em 12 meses estava em 10%. Falei com Fernando Henrique: "Estou indo embora, a inflação está abaixo de 10%, meu trabalho está cumprido no governo". Na virada de 1998 para 1999, quando a crise chega, eu estava trabalhando no banco BBA, em Nova York, mas acompanhei a situação de perto. Houve uma combinação de fatores que levaram à crise. Primeiro, foi a decisão de Fernando Henrique de partir para a reeleição. Ele sabia que se deixasse flutuar o câmbio, o impacto inicial seria inflacionário, e isso prejudicaria sua reeleição. Além disso, Gustavo Franco tinha uma posição muito firme a favor do câmbio administrado. Não acreditava que o Brasil tivesse condições para uma política monetária autônoma, então precisávamos importar a estabilidade dos Estados Unidos via controle cambial.

> **Gustavo Franco**
> Nasceu no Rio de Janeiro, em 1956. Seu pai foi chefe de gabinete no período de governo democrático de Getúlio Vargas, de quem foi assessor próximo, além de chefe de gabinete de ministros da Fazenda, com participação decisiva na criação do BNDES, à época apenas BNDE. Gustavo Franco formou-se em Economia na PUC-Rio e fez o doutorado em Economia entre 1982 e 1986 na Universidade de Harvard, com tese sobre a hiperinflação nos anos 1920 em quatro países europeus. Publicou artigo defendendo a dolarização como método para vencer a inflação. Participou de todos os debates relacionados com a política econômica brasileira do período democrático, como presidente do Banco Central e em diversas funções de assessoria no Ministério da Fazenda. Gustavo Franco é um dos economistas brasileiros com mais versatilidade e formação, tendo elaborado estudos relacionando economia e literatura, com livros e artigos sobre as obras de Fernando Pessoa, William Shakespeare e Machado de Assis. Teve participação política como militante do PSDB por quase 30 anos.

Cristovam: Como âncora!
Bacha: Isso, âncora cambial. Foi conveniente para o Fernando Henrique. Mas, além do Gustavo, muito firme contra a flutuação cambial, tinha o Chico Lopes com a ideia da banda diagonal endógena: o câmbio administrado com flutuação limitada, que eventualmente adotou exatamente por um dia. Na hora que flutuou, o câmbio imediatamente bateu no limite superior da banda. E o Chico caiu.

Cristovam: Como é que o Fernando Henrique decidiu mudar a presidência do Banco Central?
Bacha: As reservas estavam esgotando, tiraram o Gustavo e tentaram uma saída com o Chico Lopes, mas o câmbio bateu de imediato no limite superior da banda, e as reservas continuaram sendo pressionadas. Chico caiu e conseguiram trazer o Armínio Fraga, de Nova York.

> **Armínio Fraga**
> Nascido em 1957, no Rio de Janeiro, formado em Economia na PUC-Rio, onde também obteve o mestrado, e doutor pela Universidade de Princeton. Foi professor na PUC-Rio, na FGV e na Universidade de Columbia. Trabalhou por muitos anos no mercado financeiro internacional. Deixou os cargos de assessor executivo em diversas empresas do mercado financeiro internacional para assumir a presidência do Banco Central do Brasil, em 1999, no início do segundo governo do presidente Fernando Henrique. Nesse cargo, teve papel fundamental na recuperação do Plano Real, ameaçado pela instabilidade monetária no último ano da década de 1990. Por sua competência, seriedade e independência no pensamento, Armínio Fraga é certamente um dos mais respeitados economistas brasileiros, dentro e fora do país.

Cristovam: Foi um dos maiores acertos que Fernando Henrique fez, não acha?
Bacha: Com certeza. Porque o Armínio sabia o que fazer e tinha uma boa equipe, com Daniel Gleizer, Luiz Fernando Figueiredo, Sergio Werlang, entre outros. Desde sempre, Fernando Henrique queria trazê-lo. Como o Gustavo, Armínio também foi meu aluno: fez graduação e mestrado na PUC-Rio.

Depois, doutorado em Princeton. Tinha estado na diretoria do Banco Central, junto a Pedro Bodin, no governo Collor. Na época, tinha só 35 anos. O Armínio tem uma característica: é muito simples no que diz, muito verdadeiro. Em entrevista recente, disse "Ninguém lá no Banco Central é sádico, e eles estão precisando de ajuda". É uma vergonha a posição do presidente Lula em relação ao Banco Central. Ele escolheu um alvo fácil para poder bater. Quem é que vai defender os juros onde estão? Ninguém. O Armínio mesmo fala: "os juros são um absurdo", mas precisamos saber como trazer juros para baixo sem levar a inflação para cima.

Cristovam: Por que não se copia o Plano Real em outros países, na Argentina, por exemplo?
Bacha: O Plano Real exige que a economia esteja bem indexada previamente. Tudo que se fez foi pegar todos os índices e transformá-lo em um só, geral. As pessoas se acostumam com esse índice e você o transforma na moeda. Foi um truque. O Brasil era muito indexado. Outros países podiam ter adotado, mas levou tempo para a gente chegar na ideia de moeda paralela. A Proposta Larida, dos idealizadores André Lara Resende e Pérsio Arida, tinha este conceito: criar uma moeda paralela e as pessoas irem mudando da moeda podre para a moeda boa, nova. A intuição era muito boa e criou um novo ambiente intelectual para substituir os métodos anteriores: ou o torniquete monetário, ou o acordo social, ou o congelamento de preços. A ideia da moeda duplicada era interessante e quando foi lançada as pessoas falavam "a Hungria já fez isso em 1944 e deu a maior hiperinflação do mundo". A inflação da moeda nova criou a superinflação da moeda velha. Levou certo tempo de aprimoramento intelectual até

que a gente falou "nós não precisamos de duas moedas, precisamos é do índice geral". Meu papel durante o Plano Real foi insistir nisso: "esquece da segunda moeda, nós vamos fazer um índice geral e colocar esse índice geral no sistema monetário". Precisamos disso juridicamente para fazer uma transformação dos salários e também dos rendimentos dos juros para essa moeda. O negócio era complicado, mexeria com a renda das pessoas, protegida constitucionalmente. O novo índice deveria ter poder não somente de ser uma medida de preços, mas também de ser parte do sistema monetário, porque assim o governo poderia constitucionalmente determinar qual o valor dos bens e serviços nessa nova moeda. Nós cuidamos da dívida pública. Para as pessoas que esperavam ganhar bilhões com a indexação das dívidas nos índices antigos, nós falamos "não, agora está tudo urvizado, inclusive a dívida". Eliminamos 2% do PIB de gastos do governo com a dívida. Obviamente, isso subiu para o Supremo, e o Supremo decidiu que, sendo uma moeda nova, não tinha problema, o equilíbrio econômico-financeiro havia sido preservado. Não houve outras pendências jurídicas: apenas esse julgamento no Supremo, que vencemos dez anos depois.

Isso exigiu a genialidade de perceber a possibilidade de fazer o truque, armá-lo em uma estrutura jurídica sólida e educar o país a quebrar a cultura da moeda móvel, flexível e líquida.

André Lara Resende
Nascido no Rio de Janeiro, em 1951, formou-se em Economia na PUC-Rio em 1973, fazendo pós-graduação na Fundação Ge-

túlio Vargas e obteve doutorado pelo Massachusetts Institute of Technology (MIT), em 1979. Foi professor na PUC-Rio e, em 1984, publicou no jornal *Gazeta Mercantil* o artigo "A moeda indexada: uma proposta para eliminar a inflação inercial", que, 10 anos depois, serviria de base à grande transformação brasileira que foi o Plano Real. Ainda naquele tempo, rebateu às inúmeras críticas que recebeu e publicou outro artigo na mesma linha, com Pérsio Arida, que originou a expressão *Larida* para indicar a estratégia das duas moedas para enfrentar a inflação inercial. Desde então, Lara Resende tem sido crítico do uso da taxa de juros como ferramenta para enfrentar a inflação, criticando o dogmatismo tradicional e se tornando o grande nome no Brasil da Nova Teoria Monetária, um dos temas centrais do debate atual sobre o futuro da economia brasileira. Ele ocupou diversos cargos no setor público e no privado, tendo sido um dos pais do Plano Real, assessor de ministros da Fazenda e presidentes da República, reconhecido também como banqueiro.

Pérsio Arida
Nascido em 1952, formado pela USP em 1975 e doutor em 1992 pelo MIT, foi pesquisador do Institute for Advanced Study, da Universidade de Princeton, do The Brazilian Studies Programme e da Oxford. Foi professor na USP e na PUC-Rio. Já em 1982, publicou um artigo seminal sobre a economia brasileira, no qual reconheceu o papel inercial da inflação, mas se manifestou contrário à estratégia de congelamento proposta em momentos anteriores em outros países, e no Brasil, com os Planos Cruzado, Bresser e Verão. Junto a André Lara Resende, propôs o que ficou conhecido como *Proposta Larida*: a indexação geral da economia, convivência entre uma moeda concreta inflacionada e outra moeda abstrata

estável, até que esta substituiria a desvalorizada. Essa estratégia foi a base conceitual do plano que adotou o Real como moeda concreta, a partir do momento em que os agentes econômicos se acostumaram com sua estabilidade e interromperam o efeito inercial da inflação. Por sua originalidade e graças ao trabalho da equipe que a implantou, inclusive com o Pérsio Arida na presidência do Banco Central, o Real ainda se mantém razoavelmente estável, 30 anos depois.

Cristovam: Você acredita que é possível termos uma escola do pensamento econômico que unifique a responsabilidade fiscal, identificada com os Chicago Boys, e com sensibilidade social, identificada com os Cepalinos? Ou a gente vai continuar nessa polarização entre, de um lado, ser responsável fiscalmente sem preocupação social e, de outro, ter preocupação social sem compromisso com a estabilidade monetária? É possível criar uma escola de economia que unifique esses dois pensamentos, juntando responsabilidade e sensibilidade?

Bacha: Eu não sei. Você está falando de dois limites: a Escola de Chicago, totalmente livre cambista, tradicional; e a Cepalina, totalmente intervencionista. Acho que essa controvérsia foi superada. Olha a experiência de pessoas, a minha ou a do Albert Fishlow. É impressionante a evolução do pensamento dele. Parecida com a minha ao longo dos anos: perder a crença na substituição de importações e na importância do Estado; depois formar um pensamento não cepalino, mas neoestruturalista, e evoluir para uma visão social liberal. Hoje, no grupo no qual eu convivo, e você também, somos todos sociais liberais. Se estivéssemos nos Estados Unidos, iríamos nos denominar *novos keynesianos*. Estamos incorporando na teoria keynesiana tradicional, que se preocupa com falhas de mercado, questões relacionadas ao equilíbrio geral da economia, que não estavam muito presentes no pensamento keynesiano tradicional. Acho que temos uma visão muito mais rica para a economia, muito mais complexa do que a que tínhamos antes. Nenhum de nós acredita em concorrência perfeita e preços totalmente flexíveis, a gente analisa a economia tal como ela é. Ninguém mais pensa como se pensava antes na Escola de Chicago. Pensamos sempre na multiplicidade de agentes diferentes. A economia comportamental já entrou no *mainstream*, então eu acho que a coisa está muito mais refinada hoje, do ponto de vista intelectual. Agora, se você fala "mas do ponto de vista de *policy* (política econômica) não está", é verdade. Do ponto de vista de *policy*, as divisões continuam, como está óbvio no início do governo Lula. Você olha daqui e parece igual ao Lawrence Summers, de um lado, e Paul Krugman, do outro: analisam a economia dos Estados Unidos e defendem posições opostas na natureza do combate à inflação. Recentemente, Lawrence Summers mudou, mas ele defendia uma política monetária duríssima para poder acabar com a inflação porque achava que, sem isso, iríamos voltar a 1970. Paul Krugman diz o contrário, "não, 1970 foi muito específico, nós estamos mais parecidos com 1952, Guerra da Coreia, e a inflação pode ir embora mais rápido do que a gente acredita, sem apertar tanto assim o torniquete monetário". Isso são visões possíveis, plausíveis. Não precisamos nos esfolar por causa disso, podemos ter visões distintas, desde que plausíveis. Acho que o coração do Krugman é mais *soft* do que o do Summers. Na hora em que você tem que decidir entre A e B parecidos, o que importa é seu sentimento moral. A inflação que estamos tendo, e nos Estados Unidos também, é muito peculiar. Levou muito tempo para as pessoas entenderem direito que inflação era essa; e os Bancos Centrais em geral levaram muito tempo para reagir, porque ela veio com o vírus da covid-19. Com a queda súbita da economia, todo mundo ficou preocupado, a saída era jogar dinheiro e, de repente, a economia voltou com força, provocando diversos estrangulamentos da oferta. As pessoas indagavam "qual o papel da política monetária nessas condições?". Aqui no Brasil, o Banco Central atuou muito rapidamente. Em princípio, já podia estar arrefecendo, mas a política não deixa. Se os políticos ficassem quietos, seria mais fácil!

Independentemente da diferença entre ortodoxia ou heterodoxia, há uma crítica moral: a inflação é uma apropriação indevida da renda social pelo Estado e pelos formadores de preços. Entre Summers e Krugman, a diferença pode ser moral no que diz respeito a quais são os prejudicados e quais os beneficiados com a inflação, mas não considera o lado moral de a inflação ser vista como desapropriação. A diferença entre eles está na política econômica que deve ser usada para retomar a estabilidade monetária.

Na última conversa que eu tive com Celso Furtado, em seu apartamento, no Rio de Janeiro, poucos meses antes de seu falecimento, ele lembrou que uma inflação pequena é necessária para financiar o desenvolvimento, tanto nos aspectos econômicos – implantação de infraestrutura e financiamento produtivo – quanto social – gastos assistenciais e investimentos sociais. Ele via pelo lado moral de como a boa inflação permitia ao Estado aplicar recursos de que não disporia se o orçamento fosse equilibrado. Esse é um bom exemplo do que Bacha chamou de "coração mais soft". Podemos dizer maior compromisso social imediato.

No caso do Brasil, devemos analisar a bondade e a maldade da inflação em uma sociedade dividida. A maldade se agrava quando se observa que ela prejudica, na verdade massacra, os pobres e protege a parcela rica. A inflação teria bondade moral se permitisse que a desapropriação feita pelo Estado fosse usada para financiar projetos sociais e distribuir renda para a parcela pobre, mas a história brasileira não mostra essa "inflação Robin Hood". Ao contrário, ela tem sido sempre "anti Robin Hood", concentradora de renda e de patrimônio: ferramenta central da arquitetura adotada por décadas de concentração de renda.

Chegamos ao cúmulo de ter uma moeda inflacionada para os pobres e outra protegida por indexação para os ricos. Nem a África do Sul, no auge do apartheid, chegou a esse nível de maldade, porque a formação britânica de seus políticos permitia a brutalidade do racismo explícito, mas não aceitava a perversão de uma moeda podre apenas para os negros. Nós adotamos moeda para os pobres diferente da moeda para ricos, porque o rendismo é mais tolerado do que o racismo.

Celso Furtado
Nasceu em Pombal, na Paraíba, em 1920. Com a educação de base concluída, mudou-se para o Rio de Janeiro em 1939, ingressando no curso de direito da UFRJ, que concluiu em 1944. Nesse mesmo ano, foi convocado e participou da Força Expedicionária Brasileira na Itália. Em 1948, concluiu o doutorado na Sorbon-

ne – Universidade de Paris. Retornou ao Brasil, mas, em 1949, fez parte da Cepal, que ajudou a fundar como entidade e como novo pensamento da economia do desenvolvimento. Deve-se a ele tanto a mais icônica interpretação da história econômica do Brasil, com seu clássico *Formação econômica do Brasil*, quanto a participação na implantação do BNDES, do qual foi diretor, e a concepção e instalação da Sudene, que ele criou e da qual foi o primeiro dirigente. Em 1962, elaborou o Plano Trienal para o desenvolvimento econômico e social do Brasil, um marco do que deveria ter sido a política econômica no Brasil, lamentavelmente interrompida pelo golpe militar de 1964, que o condenou ao exílio por 21 anos, tendo sido cassados todos seus direitos civis e políticos e até mesmo sua condecoração como herói na Segunda Guerra. A interpretação das causas do subdesenvolvimento e as teorias e práticas sobre o desenvolvimento tiveram a contribuição decisiva do pensamento de Celso Furtado. Por sua obra teórica e sua participação na gestão pública, Celso Furtado pode ser considerado patrono da economia no Brasil. Por tudo isso, em 1997, foi eleito para a Academia Brasileira de Letras.

Cristovam: Isso me traz aos nossos 60 anos de pioneiros da formação de economistas no Brasil. Podemos dizer que nós cometemos dois erros: 1) não soubemos adaptar Marx do século XIX aos séculos XX e XXI; e 2) não soubemos adaptar Keynes do Reino Unido para o Brasil? Não soubemos adaptar as ideias de Marx no tempo, nem as de Keynes no espaço. Faz sentido?
Bacha: Talvez você esteja certo se estiver se referindo a certa dificuldade intelectual, das ideias fora de seu tempo. Faz sentido que as ideias que funcionavam em determinada época envelheceram, mas continuam na cabeça das pessoas. São

ideias fora de seu tempo. Mas se está se referindo a alguma especificidade brasileira pode estar errado. É preciso lembrar que o fenômeno de desadaptação também está em outros países. Não acho que seja excepcionalidade brasileira. Pega a Turquia, com essa maluquice que o Erdogan está aprontando contra os juros em seu país, ele acaba conseguindo produzir uma hiperinflação. A Turquia não podia ser mais privilegiada. No meio caminho da Ásia para a Europa, ao mesmo tempo ocidental e oriental, podia ser o grande supermercado do mundo. Tem vantagens locacionais em relação ao Brasil, que está aqui neste fim do mundo. E aí vem esse Erdogan, com seu populismo maluco, e estraga tudo. Um país que já podia estar rico. Eu não sei se tem economista que o apoia na Turquia. Todos os economistas turcos que eu conheço acham ele um horror. Na Argentina, é mais ou menos assim também. O peronismo está lá. Mas com os economistas peronistas apoiando.

> *A adoção desadaptada do keynesianismo tradicional leva à perda de controle dos gastos públicos e consequente inflação descontrolada, além de ser ferramenta equivocada para retomar a dinâmica econômica, o nível de emprego e a redução da pobreza. O resultado é que se perde o controle sobre a moeda sem mitigar a pobreza. Nos países desenvolvidos, a população tem escola, saneamento e moradia, falta apenas a renda, em razão do desemprego. No Brasil, além do desemprego, há pobreza real, escassez de bens e serviços públicos essenciais.*
>
> *Nos países desenvolvidos, ao ampliar a demanda graças aos gastos públicos, o setor privado se recupera, fazendo desnecessário continuar déficits crescentes, sem ameaça*

de inflação elevada e duradoura. No caso de países como o Brasil, os gastos precisam ser permanentes para subsídios, investimentos em infraestrutura e gastos sociais e assistenciais permanentes.

Para cuidar desses problemas, os economistas latino-americanos deveriam criar um keynesianismo social e produtivo. Injetar recursos públicos para empregar os desempregados na produção dos bens e serviços necessários para sair da pobreza: Bolsa Escola para os filhos estudarem; contrato para obras de água e esgoto; bolsas de estudo para jovens e adultos, inclusive alfabetização; renda condicionada para que construam ou reformem suas próprias casas e escolas; programas de reflorestamento.

Na Figura A, a seguir, observa-se que, no keynesianismo tradicional, o governo injeta dinheiro empregando mão de obra sem fins produtivos (1). Os beneficiados – que já dispõem de serviços públicos – usam esse dinheiro para exercer demanda sobre o setor produtivo privado (2 e 3) que se recupera da crise, produz, emprega e paga impostos (4 e 5). A economia se redinamiza, o emprego é retomado, e as finanças se reequilibram.

Figura A – Keynesianismo tradicional

Na Figura B, o governo faz transferência para empregar pobres com incentivos sociais (1), com a condição de que eles produzam bens e serviços de que necessitam para sair da pobreza (5), ao mesmo tempo que usam essa renda para demandar o que necessitam no mercado(2 e 3), ajudando a retomar o crescimento econômico, o emprego (4) e o equilíbrio das finanças (6).

Figura B – Keynesianismo social e produtivo

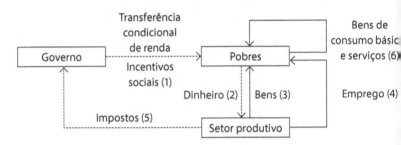

Cristovam: Sem querer cair no conjuntural... Você disse que a Proposta Larida tirou o Brasil de uma moeda podre para uma moeda boa. Você não acha que agora o André Lara Resende esteja querendo fazer o contrário: que saíssemos de uma moeda razoavelmente boa para uma moeda razoavelmente podre?
Bacha: Sim, concordo. A Teoria Monetária Moderna, desenvolvida nos Estados Unidos, que tem uma longa tradição de moeda forte, subestima fortemente os riscos do desequilíbrio fiscal e o que isso pode provocar para a perda de controle do processo inflacionário, controle este que nos foi tão difícil conquistar.

Além da longa tradição de moeda forte nos Estados Unidos, cabe lembrar que o dólar é uma moeda com aceitação internacional. Esse país pode, por isso, ampliar a quantidade de moeda circulante sem pressionar os preços internos e pode captar recursos mesmo com juros baixos. Querer afrouxar o controle de gastos públicos com base na experiência dos Estados Unidos é um equívoco. No caso do Brasil, liberar gastos públicos para financiar investimentos produtivos contando com um retorno fiscal é uma lógica temerária. Nossa tradição é de descumprir cronogramas e de desenvolver projetos que são bons na teoria e ineficientes na prática. Prova disso são as obras paralisadas por erro na escolha da construtora, por impedimento legal decorrente de regras ambientais, equívocos de engenharia física e financeira. Também são temerários os gastos sociais que não elevem a produtividade e cujos benefícios imediatos logo são corroídos e depredados ou mesmo destruídos pela inflação.

Relaxar as amarras fiscais em nome de receitas potenciais pode ser uma temeridade que se enquadra em irresponsabilidade, mais uma vez, com o velho truque político de obter recursos públicos sem reduzir gastos suntuários, desperdícios e ineficiências, usando o povo e a nação como cobaias de experiências.

Cristovam: Embora tenha mais razão para nossos colegas que foram para Vanderbilt, pergunto por que, apesar de ter estudado com Nicholas Georgescu-Roegen, que já levantava essa ideia antes de quase todos, nossa geração de economistas demorou tanto a perceber o meio ambiente como fator importante da economia?

Por que demoramos tanto a incorporar a Terra, e não só a terra, como fator de produção no processo econômico?

Bacha: Na verdade, a gente sempre olhava para o Georgescu como um homem muito inteligente, mas cheio de ideias estranhas, essa coisa de entropia, umas coisas da física que ele queria trazer para a economia... O Georgescu nunca conseguiu entrar no *mainstream* acadêmico americano. É engraçado. Acho que, se você for perguntar hoje no meio acadêmico, ninguém sabe quem foi Georgescu. Os alunos do Georgescu lembram dele pelo terror de ser muito exigente. Não sei se o Ibrahim Eris conseguiu fazer tese com ele. Se fez, foi o único. Deve ter sofrido horrores. O Georgescu tinha um problema de comunicação. Comparo com outro economista do leste europeu, que teve muito mais influência: Alexander Gerschenkron. Teve uma influência muito maior porque era uma pessoa mais acessível. Produziu uma quantidade enorme de historiadores influentes, inclusive Albert Fishlow. Sabe o que é também? Aqui temos essa abundância de recursos naturais, 60% do país é Amazônia. Ainda sentimos os recursos naturais como inesgotáveis.

> **Albert Fishlow**
> Reconhecido como um dos maiores e primeiros brasilianistas não apenas nos Estados Unidos, mas em todo o mundo acadêmico no cenário mundial. Norte-americano, da Filadélfia, nascido em 1935, graduou-se em Economia pela universidade desse estado, com PhD na Universidade de Harvard. Reconhecido por suas

contribuições sobre história, política e economia do Brasil. Por muitos anos, foi diretor do Instituto de Estudo da América Latina e do Centro de Estudos sobre o Brasil, na Universidade de Columbia. Escreveu os clássicos *Desenvolvimento no Brasil e na América Latina: uma perspectiva histórica* e *O novo Brasil*.

Alexander Gerschenkron
Historiador econômico ucraniano, nascido em 1904, ainda no Império Russo, faleceu em 1978, nos Estados Unidos. Fugiu da

Edmar Bacha, Albert Fishlow e Shepard Forman (cientista social americano).

Rússia soviética em 1920, obtendo doutorado em Viena, na Áustria, em 1928. Quando Hitler invadiu esse país, fugiu para os Estados Unidos, onde se tornou professor de História da Economia, na Universidade de Harvard. Pode-se dizer que foi um dos mais influentes historiadores no mundo, especialmente sobre a história da Rússia.

Ibrahim Eris
Nascido na Turquia e naturalizado brasileiro, estudou economia na Universidade de Vanderbilt, onde foi aluno próximo de Georgescu-Roegen. Foi presidente do Banco Central do Brasil durante parte do governo Collor, quando participou da implantação do Plano Collor, baseado no choque monetário pelo congelamento dos depósitos bancários. Desde então, é importante consultor e executivo em empresas financeiras voltadas para investimentos.

Cristovam: Com tantos recursos, fica difícil ver os limites. O fato é que nós demoramos muito a perceber a finitude dos recursos naturais. E o Georgescu já falava isso nos anos 1960. Você conheceu Georgescu?
Bacha: Apenas formalmente. Devo ter estado com ele uma ou duas vezes em ocasiões de palestras. Nunca tive maior interação com ele. Ele tem uma teoria estruturalista da inflação, mas era muito peculiar o estruturalismo dele. Era um pouco como Julio Olivera, da Argentina. Pessoas que eram estruturalistas, mas não cepalinas. Tanto Olivera, na Argentina, quanto Georgescu, porque o estruturalismo deles era muito matematizado e de longo prazo, pouco ligado a questões sociais e de curto prazo.

O pensamento econômico brasileiro naufragou em duas abundâncias: a natural e a laboral. A abundância da natureza permitia saqueá-la sem necessidade de esforços no trabalho direto, nem necessidade de criar tecnologias. A abundância de mão de obra, depois de resolvida a tecnologia para capturar, transportar e organizar o trabalho dos africanos escravizados, permitia explorá-la sem necessidade de remuneração, nem educação. Bastava jogar o anzol ou soltar sementes usando as mãos dos escravizados comprados ou, depois da Abolição, dos encontrados livres nas esquinas aceitando baixos salários. O navio negreiro transportando escravizados africanos foi substituído pelo ventre da mãe pobre levando filhos aos quais seria negada educação de qualidade, condenando-os à escravidão moderna. Nessas condições, não havia necessidade de educar e inventar.

A economia naufragou no círculo vicioso do excesso de recursos baratos permitindo o desperdício que leva à baixa produtividade: o trabalhador sem educação produz pouco, a renda nacional é baixa e, em consequência, ele ganha pouco e produz pouco. Só uma revolução na oferta de educação permitirá quebrar esse círculo vicioso, eliminando inclusive o desprezo à natureza, consequência da arrogância do pensamento ocidental que distancia abissalmente o ser humano do resto da natureza. As mudanças climáticas consequentes do processo econômico e as ideias de Nicholas Georgescu-Roegen, Ignacy Sachs, Dennis Meadows, Jørgen Randers, Donella Meadows, entre outros, fizeram o pensamento despertar para os limites ecológicos ao crescimento; mas ainda não despertou plenamente o imaginário mundial para a catástrofe em marcha.

Independentemente da influência direta de pensadores como Sachs e Georgescu, eles foram pioneiros em duas preocupações: o longuíssimo prazo histórico e a visão do homo economicus como parte do meio ambiente. Com essa visão nos despertaram para a crise do momento e para a busca de rumos ao futuro em uma economia integrada com a natureza. Eles nos fizeram pensar a economia como parte da longa história natural, com uma visão sem o antropocentrismo arrogante. Das ideias desses economistas, podemos imaginar que a civilização está em uma encruzilhada: continuar no rumo da civilização industrial depredadora, caminhando para catástrofe, ou reorientar a civilização para um novo rumo, o que vai exigir uma nova economia com um novo desenvolvimento, que Sachs chamou de ecodesenvolvimento.

Ignacy Sachs
Nasceu na Polônia, em 1927, e faleceu em 2023, em Paris. Em 1941, mudou-se para o Brasil, onde se graduou em Economia na Universidade Cândido Mendes, no Rio de Janeiro, em 1954. Logo depois, voltou à Polônia, onde trabalhou para o governo socialista. Entre 1957 e 1960, foi funcionário do governo polonês na Índia, onde fez seu doutorado na Universidade de Delhi. De volta à Polônia, trabalhou no Ministério do Planejamento, com o economista Michal Kalecki. A partir de 1968, radicou-se na França e adquiriu cidadania francesa. Sachs é um dos pais do pensamento econômico para o futuro, graças às suas formulações e participação na ideia do desenvolvimento sustentável, da bioeconomia, do ecodesenvolvimento, da junção da economia em geral com as questões sociais e o meio ambiente.

Michal Kalecki

Polonês, nascido em 1899, e falecido em 1970, foi um dos mais importantes economistas marxistas. Além das funções na London School of Economics, nas Universidades de Cambridge e Oxford, e nas Nações Unidas, como diretor do Departamento de Assuntos Econômicos, Kalecki trabalhou quase toda sua vida na Escola de Economia de Varsóvia e no Instituto de Pesquisas de Conjuntura Econômica e Preços de Varsóvia. Embora sua influência tenha ficado mais restrita à Polônia e ao Leste Europeu, é reconhecido por ter desenvolvido de modo pioneiro muitas das ideias que foram desenvolvidas por Keynes. Kalecki se antecipou a muitas das análises de Keynes sobre as flutuações econômicas e os ciclos econômicos, e suas relações com o nível da demanda efetiva e com a sobreacumulação, além do nível de investimento pelas expectativas que os agentes econômicos praticam em decorrência do grau de incertezas pela aversão ao risco. Modernamente, pode-se vincular essa aversão ao risco com o grau de confiança que a economia oferece. Sobretudo, é importante destacar que, antes mesmo de Keynes, Kalecki considerava a importância do gasto público sobre a demanda efetiva e sobre a revisão das expectativas dos agentes. Segundo ele, o longo prazo da economia capitalista apresenta tendência a crises cíclicas determinadas por fatores tecnológicos, políticos, econômicos e pela luta de classes dentro da economia. Ao divulgar suas ideias em polonês, ele perdeu a precedência para o economista inglês. Mesmo assim, é reconhecido como o "Keynes de esquerda". Kalecki evitou reivindicar a precedência de suas ideias sobre Keynes, o que a grande economista inglesa Joan Robinson reconheceu como um mérito de comportamento acadêmico digno.

> **Nicholas Georgescu-Roegen**
> Nasceu na Romênia, em 1906, e faleceu em Nashville, nos Estados Unidos, em 1994. Graduou-se em Estatística em 1946 e emigrou para os Estados Unidos para cursar a Universidade de Vanderbilt, em Tennessee, onde foi um professor icônico e viveu até a morte. Seu livro *The entropy law and the economic process* é um marco do pensamento da ciência econômica, ao apontar para o que hoje parece óbvio: a finitude dos recursos naturais para dar continuidade ao processo de crescimento econômico nos moldes oriundos da Revolução Industrial.

Cristovam: Quais foram as grandes influências que você recebeu em Yale?
Bacha: Primeiramente, Carlos Díaz-Alejandro. Foi meu professor e depois virou um de meus melhores amigos. Minha latino-americanidade se deve em boa parte a ele. Inclusive, foi ele quem me levou para o Chile, para meu primeiro emprego. Em Macroeconomia, James Tobin e Edmund Phelps foram meus dois professores. Foram muito importantes na minha visão macroeconômica. Depois, no Chile, em meu primeiro emprego, pessoas com as quais convivi bastante e foram muito influentes: Hollis Chenery, até virei um dos Chenery Boys quando ele foi economista chefe do Banco Mundial, na presidência de Robert McNamara. Tínhamos seminários maravilhosos no Lago de Como, na Itália. Também, aí, surpreendentemente, Arnold Harberger, que era de Chicago. Eu detestava a economia dele, mas me dava muito bem pessoalmente com ele. E Albert Hirschman, que teve para mim uma importância fundamental por seus escritos, embora mais distante, porque eu não tive muito convívio pessoal com ele.

Cristovam: Desses, o único que recebeu o Nobel foi o Tobin, não foi?
Bacha: O Tobin ganhou. O Phelps também.

Cristovam: Desses aí, quem mais escreveu sobre distribuição de renda foi o Chenery?
Bacha: É, o Hollis Chenery tem o livro chamado *Redistribution with growth*.

Cristovam: Você foi fazer o que no Chile?
Bacha: Foi meu primeiro emprego. Era um acordo do governo do Chile, a Oficina de Planificación Nacional (Odeplan), com o MIT e com Harvard, para desenvolver políticas econômicas no Chile. O principal economista era Hollis Chenery. Havia outros também do MIT, como Dick Eckaus. Este meio que desapareceu, mas naquela época era importante também em desenvolvimento econômico. Arnold Harberger era uma espécie de fiscal do projeto. Foi lá que eu convivi e fiz amizade, que durou desde sempre até a morte recente dele, com Lance Taylor. Também foi bem importante.

Albert Hirschman
Nasceu em Berlim, na Alemanha, em 1915, e faleceu em 2012, nos Estados Unidos. Em seus quase 100 anos de vida, foi certamente um dos maiores nomes do pensamento econômico no século XX, especialmente no campo do desenvolvimento econômico, ainda mais especificamente no que se refere à América Latina. Estudou na Sorbonne – Universidade de Paris, na London School of Economics e na Universidade de Trieste, onde se doutorou em 1938. Foi convidado para ser professor na Universidade de Berkeley. Durante a Segunda Guerra, serviu no Exército norte-americano. Participou da elaboração do fundamental Plano Marshall para a

recuperação econômica da Europa, a partir do que desenvolveu sua teoria sobre desenvolvimento. Trabalhou na República da Colômbia e atuou nas universidades de Yale, Columbia e Harvard. Seu principal livro é *Estratégia do desenvolvimento econômico*, publicado em 1961.

Arnold Harberger
Nasceu no estado de Nova Jersey, em 1924, formando-se em Economia na Universidade Johns Hopkins, em 1943, obtendo seu PhD na Universidade de Chicago em 1950, onde foi professor entre 1953 e 1991. Harberger tem sido um economista teórico e prático, assessor de governantes. Deu grandes contribuições à formulação de métodos para avaliação financeira e econômica de projetos de investimentos, também por ter tido envolvimento direto com a prática de políticas governamentais. Quinze ex-alunos seus foram presidentes de bancos centrais e 50 foram ministros. Entre estes, estão aqueles que sentaram as bases da economia chilena no governo Pinochet e na posterior redemocratização. Foi a partir da atuação de seus alunos no Chile de Pinochet que surgiu a expressão *Chicago Boys*, que poderiam ser chamados de *Harberger's Boys*. Na teoria, Harberger deu grandes contribuições à teoria de análise de projetos, à busca de eficiência macroeconômica, o custo do monopólio e teoria fiscal e bem-estar. É um dos grandes nomes que formaram o pensamento prático da política econômica a partir dos anos 1970, chamado *movimento neoliberal*.

Carlos Díaz-Alejandro
Nasceu em Havana, em Cuba, em 1937, onde se formou em Economia. Obteve seu doutorado em 1961 no MIT e foi professor da Universidade de Yale entre 1964 e 1965, para onde regressou em 1969, depois de alguns anos na Universidade de Minnesota.

Em 1984, passou a ser professor na Universidade de Columbia, onde faleceu logo no ano seguinte. Foi consultor em diversos organismos públicos ou privados em assuntos de economia da América Latina.

Edmund Phelps
Economista estadunidense nascido em Evanston, em 1933. Graduou-se pelo Amherst College, em Massachusetts, e com doutorado pela Universidade de Yale. Foi professor na Universidade de Columbia e da Pensilvânia, e agraciado com o Prêmio Nobel em Economia no ano de 2006. Tem sido um promotor da ideia de "economia púrpura", que leva em conta os aspectos culturais na economia: trata a cultura local como um fator de produção capaz de promover ou dificultar a adaptação de cada país à economia global, como forma de valorizar a produção e dar sustentabilidade ao crescimento.

Hollis B. Chenery
Foi um economista norte-americano, nascido em 1918. Graduou-se em Matemática e Engenharia. Serviu na Força Aérea durante a Segunda Guerra e depois obteve graduação em economia na Universidade de Virginia, em 1947, com doutorado em Economia em 1950, em Harvard. Sua tese de doutorado foi "Bases de engenharia da análise econômica". Foi um economista seminal no campo da teoria e prática do desenvolvimento econômico e de suas relações com a distribuição de renda. Foi economista-chefe no Banco Mundial entre 1972 e 1982, contribuindo para a grande mudança nesse banco, durante a presidência de Robert McNamara, tanto no conceito quanto no tamanho da organização. Seus principais livros são *Redistribution with growth* e *Patterns of development, 1950-1970*.

James Tobin
Estadunidense nascido em Illinois, em 1918, faleceu em 2002. Foi professor na Universidade de Yale entre 1950 e 1988. Em 1981, foi agraciado com o Prêmio Nobel em Economia por sua análise dos mercados financeiros e suas relações com despesas, empregos, produção e preços. Foi um economista que estudou e fez avançar a economia keynesiana, a ponto de ser considerado um keynesiano com compromisso social. Em seus 16 livros e mais de 400 artigos, questionou os dogmas da ortodoxia econômica, tornando-se um partidário do "liberalismo com face humana", defendendo um papel ativo do Estado na economia. Fez parte do Conselho de Assessores da Casa Branca durante o governo Kennedy e foi crítico ativo contra a visão monetária de Milton Friedman, que influenciou o presidente Ronald Reagan e todo o pensamento econômico prevalecente desde então, chamado de *neoliberalismo*. Tobin esteve sempre contra essa corrente, sempre denunciando que essa política enriquecia os ricos e empobrecia os pobres. Para contrabalançar aquela visão, ele propôs a Taxa Tobin: 0,5% sobre as movimentações financeiras internacionais para formar um fundo a ser administrado pelas Nações Unidas com a finalidade de auxiliar no desenvolvimento dos países pobres.

Lance Jerome Taylor
Falecido em agosto de 2022, nasceu em 1940, em Idaho, nos Estados Unidos. Graduou-se em Matemática pelo Instituto de Tecnologia da Califórnia e recebeu seu PhD pela Universidade de Harvard, em 1968. Foi professor em Harvard e no MIT, ao mesmo tempo em que trabalhou como professor ou assessor em dezenas de países, inclusive no Brasil, na UnB, na Ásia, na América Latina, Europa e África. Deu contribuições teóricas nos campos de ma-

croeconomia, desenvolvimento econômico, crescimento, estabilidade e distribuição de renda. Ao final de sua vida, dedicou-se a estudar problemas ambientais, emissão de gases, mudanças climáticas e desenvolvimento sustentável.

Bacha: Lance Taylor virou um papa do estruturalismo.

Cristovam: No livro No país dos contrastes: memórias da infância ao Plano Real, *você dá um bom espaço a seu tempo em Yale, baseado nas cartas que escreveu para sua mãe. Por que quando falamos nas grandes universidades, falamos em Columbia, Harvard, Stanford, Princeton, e menos em Yale?*

Bacha: Não sei por quê. Talvez por Yale não ter presença internacional tão forte. Mas veja os presidentes americanos recentes: Gerald Ford estudou em Yale, Bush pai estudou em Yale, Bush filho estudou em Yale, Bill Clinton e Hillary Clinton estudaram em Yale. Se você olhar a lista da Corte Suprema, a dos deputados e dos senadores, a dos grandes *business men*, Yale está lá em cima, junto a Harvard.

Cristovam: Quem tem mais Prêmio Nobel em economia?

Bacha: Estudei com Tobin e com Phelps. Além deles, no meu tempo em Yale, quem ganhou foi Tjalling Koopmans, em 1975. Chicago tem mais Prêmios Nobel em economia, mas se deve levar em conta que, entre 1981 e 1994, quem presidia o comitê do Nobel era Assar Lindbeck, um economista sueco bem liberal. Não estou dizendo que eles não merecem, mas se você olhar a sequência, dá para ver que esse fato colaborou. De qualquer modo, o mérito que Chicago inegavelmente tem deve-se a Milton Friedman, figura extraordinária em termos de influência, é o papa do monetarismo, criou em Chicago um grupo de professores excelentes. Ele tem essa característica: cercou-se de mentes brilhantes, o que não foi o caso, por exemplo, em Yale, com Tobin, que não soube criar em torno de si um grupamento da qualidade que Friedman conseguiu. Quando Phelps se destacou, Tobin acabou demitindo-o. Chicago teve duas gerações de extrema qualidade, cada uma durante 20 anos. Primeiro, teve o grupo do próprio Friedman, que tinha grandes nomes, depois uma nova geração, em torno de Robert Lucas, que morreu recentemente. O que chamávamos de *monetarismo* passou a se denominar *revolução das expectativas racionais*. Para mim, durante muitos anos, eles prestaram um desserviço ao desenvolvimento de uma análise econômica mais realista. Friedman tinha a teoria do "como se". Quando se falava para ele "mas concorrência perfeita não existe", ele dizia "sim, mas é uma boa primeira aproximação: é como se existisse". Aí os críticos diziam "Friedman, a moeda não é exógena, tem outros fatores para a inflação", mas Friedman tinha aquela frase de efeito: "a inflação é sempre e em todo lugar um fenômeno monetário". Arnold Harberger era a versão microeconômica de Friedman. Na verdade, Harberger foi a cabeça por trás dos Chicago Boys, no Chile.

> *Ao dizer que Friedman tinha a teoria do "como se", Bacha nos provoca a pensar que todos nós, economistas, praticamos a teoria do "como se": "como se" os recursos naturais fossem inesgotáveis, "como se" a pobreza não importasse, "como se" o desemprego fosse apenas um desequilíbrio, "como se" as propostas de Keynes fossem universais e não tivéssemos milhares de toscokeynesianos definindo políticas*

econômicas, *"como se" as fronteiras políticas ainda controlassem a economia, "como se" a pobreza fosse uma questão de renda, e não de falta de acesso aos serviços e bens essenciais.*

Assar Lindbeck
Nascido em 1930 e falecido em 2020, foi um economista sueco com trabalhos especialmente na área de emprego e bem-estar social. Assessorou as reformas liberalizantes da economia na China. Desenvolveu a teoria de que as leis de proteção social ao trabalho, emprego e salário e provocam erosão no bom funcionamento da economia, promovendo crises e inviabilizando os próprios objetivos. Por muitos anos, foi importante membro do comitê de escolha do Prêmio Nobel de Economia. Pode-se considerá-lo como um dos grandes nomes que levaram ao fortalecimento do pensamento neoliberal no final do século XX.

Milton Friedman
Norte-americano nascido em Nova York, em 1912, e falecido em 2006, em São Francisco, na Califórnia. Identificado com a Universidade de Chicago, onde esteve por 30 anos, foi talvez o mais marcante economista do século XX, depois de Keynes. Formou mais de uma geração que ficou conhecida como os *Chicago Boys*. Suas ideias sobre teoria monetária e análise de consumo foram determinantes para reorientar a política econômica da visão keynesiana para a visão liberal, influenciando a virada ideológica, a partir dos anos 1980, liderada por Margaret Thatcher na Inglaterra, Ronald Reagan nos Estados Unidos, Boris Iéltsin na Rússia, Pinochet no Chile. A prática do liberalismo na economia o levou a se identificar, embora negando, sua associação com governos

autoritários, especialmente com o regime Pinochet, do qual foi o fornecedor de quadros saídos de seus cursos em Chicago. Não se pode negar, entretanto, que a esquerda atual deve sua bandeira da renda mínima da cidadania a Milton Friedman, que concebeu a ideia do imposto de renda negativo. Para ele, o papel dos governos na construção da justiça social seria cobrar imposto dos ricos e distribuir imposto negativo a pessoas carentes, deixando ao setor privado produzir o necessário para atender às demandas por bens e serviços essenciais. As transferências de renda condicionadas à educação, identificadas por *Bolsa Escola*, são uma evolução do imposto negativo, com as grandes diferenças de considerar a educação como vetor do progresso e valorizar o papel do Estado na oferta de escola. Recebeu o Prêmio Nobel de Economia, em 1976.

Robert Lucas
Norte-americano , nascido em 1937 e falecido em 2023, foi Prêmio Nobel em 1995. Embora mais conhecido por sua relação com Milton Friedman e com a família ideológica de Chicago, Lucas deu contribuições à economia do desenvolvimento econômico, provocando um ressurgimento desse tema no *mainstream* dos estudos econômicos a partir dos anos 1990.

Tjalling Koopmans
Economista holandês, teve como orientador Jan Tinbergen, que recebeu o primeiro Prêmio Nobel em 1969. Koopmans Iniciou sua carreira como matemático, passou para a física, antes de se dedicar à econometria e à estatística. Mudou-se para os Estados Unidos em 1940, onde trabalhou como pesquisador no governo norte-americano, em Washington DC, e depois ingressou na Uni-

versidade de Chicago. Em 1955, transferiu-se para Yale, vinculado à Fundação Cowles. Combinando instrumentos matemáticos com a lógica e os propósitos econômicos, trabalhou sobretudo em teoria da racionalização e fatores de maximização de resultados. Ele próprio recebeu o Nobel, em 1975.

Cristovam: Eles tinham formação humanista? Eram pessoas com compromisso social?
Bacha: Eram, mas encaravam a questão social como se a melhor maneira de promover o bem-estar fosse através da economia do livre mercado. Eles tinham essa concepção muito enraizada, porque, na verdade, fazia parte da ideologia da Guerra Fria que existia nos anos 1950 entre livre mercado, de um lado, e planejamento, do outro, e nesse contraste, eles importaram a escola austríaca para Chicago. Eles representaram essa ideologia do livre mercado de uma maneira extraordinária. Porém, foi Friedman quem popularizou a ideia do imposto de renda negativo, que depois se generalizou para a ideia da renda mínima universal. Mas seu propósito era substituir a intervenção governamental nas questões sociais por um mecanismo automático de redistribuição de renda.

Interessante lembrança de Bacha sobre a defesa feita por Friedman de transferência de renda para os pobres. Concentrados na ideia da intervenção do Estado na economia, os economistas de esquerda foram menos comprometidos com a falta de renda dos pobres do que os economistas de Chicago.

Até mesmo a proposta da Bolsa Escola, que não deixa de ser o imposto negativo de Friedman vinculado à educação, foi sempre relegada pelo "establishment" econômico de esquerda. Foi essa visão que retirou a ideia de Bolsa Escola no texto "Educação urgente", do PT, de 1990, e também levou à demora de Fernando Henrique para adotá-lo. Por isso, apesar de iniciada em cidade brasileira, a ideia da renda mínima condicionada à educação é mais identificada com o México do que com o Brasil. Abhijit Banerjee, Nobel de 2019, recomendou a proposta em seu livro Poor economics: rethinking poverty & the ways to end it, *mas relacionada ao México.*

Lembro-me do encontro com o Nobel Gary Becker, em 1992, na Universidade de Chicago. Ele era admirador do programa Bolsa Escola, mas escreveu sobre a versão mexicana, o Progresa do Presidente Zedillo no México. A notícia, ainda em 1995, sobre o programa Bolsa Escola no Distrito Federal, em um artigo na Time, ajudou Zedillo a implantar a ideia. Apesar do documento entregue a Fernando Henrique ainda em 1994, ele só se convenceu da vantagem da ideia em seu segundo mandato. A ideia foi apresentada a Lula em 1999, mas só foi aceita no final do primeiro ano de seu governo, e por recomendação da área de marketing. Daí a mudança de nome para Bolsa Família e a descaracterização dos aspectos educacionais. Apesar de o programa ter nascido no Distrito Federal, foi preciso a repercussão no exterior para chamar atenção no Brasil.

Equipe Econômica que criaria a URV como novo indexador para a economia, embrião do Plano Real.

Pedro Simon, Fernando Henrique Cardoso, Edmar Bacha e Pérsio Arida na apresentação do plano de estabilização econômica – Brasília, DF, 7 de dezembro de 1993.

Gary Becker
Norte-americano nascido em 1930 e falecido em 2014, formado por Princeton e Chicago, sendo professor em Columbia entre 1957 e 1968, até voltar para Chicago. Uma das qualidades de Becker foi a versatilidade nos temas em que trabalhou, entre os quais discriminação racial, crime, drogas, família. Dedicou-se e deu grande contribuição ao estudo e à análise do impacto de investimentos em capital humano, o que fez dele um economista orientado para o tema da educação e para o funcionamento do mercado de trabalho. Recebeu o Prêmio Nobel em 1992.

Cristovam: O livro de Mario Vargas Llosa, O chamado da tribo: grandes pensadores para o nosso tempo, *tem sete biografias dos grandes liberais do mundo: Adam Smith, José Ortega y Gasset, Friedrich von Hayek, Karl Popper, Isaiah Berlin, Raymond Aron e Jean-François Revel.*
Bacha: Mas não tem Milton Friedman em seu painel. Mario Vargas Llosa aparentemente não gosta muito do Friedman.

Cristovam: Talvez ele não dê a mesma dimensão: Friedman era economista, Vargas Llosa escolheu pensadores, mais filósofos. Você não acha que vale a pena retomar a ideia da taxa proposta por Tobin para cobrar 0,5% sobre as transações financeiras internacionais e investir esses recursos no combate à pobreza no mundo ou em problemas relacionados às mudanças climáticas?
Bacha: Acho sim, mas quem vai topar? Com este mundo, dividido do jeito que está, você não consegue colocar a China com os demais países nem mesmo para concordar com um plano de combate ao aumento da temperatura mundial. A China não está no multilateralismo, porque entende que multilateralismo é hegemonia americana, está querendo fazer tudo sozinha. Então sem a China e sem a Rússia não vai dar. Nos Estados Unidos, essa ideia também não vai pegar. Teria que ver quem vai patrocinar uma ideia assim. Talvez os países europeus.

> *A Taxa Tobin não deu certo por três fatores: primeiro, naquele tempo, ainda se acreditava que o crescimento econômico era ilimitado e resolveria a pobreza ao distribuir a renda automaticamente do topo à base da pirâmide social; segundo, era mais uma ideia de acadêmico, sem raízes na política mundial; e terceiro, porque não houve proposta de como aplicar o dinheiro obtido com a taxa.*

Desde então, a situação mudou. Sabe-se agora que há limites ecológicos ao crescimento, que a renda gerada não se espalha automaticamente dos ricos para os pobres e que a pobreza não é apenas questão de renda, mas sobretudo de acesso aos bens e serviços essenciais. Além de que já se dispõem de experiências e mecanismos que permitiriam mitigar a pobreza em escala mundial com programa de renda mínima, como o Bolsa Família; também experiências de como realizar programas educacionais, investimentos em saneamento, implantação de microcrédito. Ainda, há instituições globais exitosas espalhadas pelo mundo capazes de gerenciar programas com essas finalidades. Sobretudo, enfrenta-se hoje um novo problema: a migração em massa com proporções novas a qual afeta os países ricos, exigindo medidas concretas de alcance mundial para reduzir a pobreza nos países pobres como forma de reduzir o fluxo migratório aos países ricos. Um programa Bolsa Família Internacional poderia servir para diminuir a emigração, substituindo os elevados custos financeiros e morais que os países ricos utilizam hoje para barrar a imigração com armas e muros.

Em 1972, esperava-se levar todos os países ao nível do primeiro mundo; 50 anos depois, o planeta virou um imenso terceiro mundo, surgindo a necessidade de programas e de uma diplomacia transnacional para enfrentar os grandes problemas mundiais. A desigualdade nas dimensões atuais, as mudanças climáticas, a pobreza persistente, a inteligência artificial, a criminalidade, a ilicitude e as incertezas de curto prazo exigem soluções planetárias.

Foi possível atravessar o meio século desde Tobin, mas vai ser difícil chegar a 2072 sem um esforço mundial para enfrentar a tragédia civilizatória. Keynes dizia "no longo prazo, todos estaremos mortos"; não imaginava que o longo prazo chegou.

Cristovam: *Como a teoria econômica e nós, economistas, vamos ajudar a encontrar saída para os problemas que não são mais nacionais nem internacionais, são planetários, transnacionais? Quem vai administrar a opção entre o desenvolvimento imediato insustentável, mas que soluciona problemas do momento, e um pretenso desenvolvimento sustentável, cujo objetivo é evitar desastres futuros?*

Bacha: Vamos considerar um exemplo concreto, atual. Eu estava olhando o assunto da exploração do petróleo no litoral da Amazônia. O Lula fala: "este negócio tá muito longe da costa". Mas o argumento do Ibama é exatamente este: se tiver um vazamento, são 43 horas para chegar o pessoal de salvamento. O Ibama quer mecanismos de salvaguarda que não estejam defasados por 43 horas. Então, poderá começar a discutir sobre a possibilidade de executar o projeto. O problema é que a Guiana está ficando rica, seu PIB aumentou 50% no ano passado graças à exploração do petróleo. Ao lado, os franceses não deixam explorar na costa da Guiana Francesa, mas deixam as companhias francesas explorar no Suriname. E olhe o caso do Rio de Janeiro: todos os municípios querendo captar esses *royalties* do pré-sal. Mas o ponto é: como justificar a exploração desse produto se queremos parar com seu uso?

Bacha mostra um problema dos tempos atuais: os projetos são executados com base em decisões nacionais, mas as consequências dos projetos atravessam as fronteiras. Sem governanças transnacionais, o desenvolvimento sustentável é um devaneio, uma quimera.

Fala-se em desenvolvimento sustentável, mas os políticos locais se unem para explorar o petróleo, independentemente dos riscos. Justifica-se o problema ambiental com o argumento de que os royalties beneficiarão os pobres, mas a experiência mostra que isso não acontece. Já tem 10 poços sendo explorados na Amazônia, ainda não houve vazamento, mas a região tem 38 milhões de pessoas que continuam na pobreza. Mesmo assim, a política precisa de voto, e o eleitor quer a exploração do petróleo diante das expectativas ou ilusões criadas. Certamente aumentará a corrupção que vem dos royalties, sem gerar emprego de qualidade no Amapá, porque os técnicos virão de fora, e sabe-se que os royalties aumentam a corrupção em vez de ampliar o Índice de Desenvolvimento Humano (IDH).

Cristovam: Quem vai formular a teoria do desenvolvimento sustentável e casá-la com a democracia se o eleitor não pensa 20 anos na frente, se o horizonte de tempo dos políticos é a próxima eleição?
Bacha: Os temas críticos da humanidade, como, por exemplo, as mudanças climáticas, têm que ser trabalhados. Mas não tenhamos ilusão de que os economistas vão resolver esses problemas. Podemos apenas estudar, assessorar e chamar atenção. As grandes mentes são muito raras. Na economia, em todo o século passado, só teve uma grande mente que realmente revolucionou: John Maynard Keynes. O resto está

trabalhando dentro dos limites da técnica. Para pegar um dos temas que você mencionou, distribuição de renda, teve um francês, recentemente, Thomas Piketty, que causou enorme impacto. De repente, diziam "esse cara descobriu uma coisa em que ninguém tinha pensado". O livro dele, *O capital no século XXI*, foi um *best-seller* e causou comoção com o conceito de que *r* (taxa de retorno do capital) é maior que *g* (taxa de crescimento do PIB). Essa ideia da inevitabilidade do capitalismo gerar concentração de renda, trazendo a ideia de Marx para a contemporaneidade, atraiu muitos economistas. Mas as pessoas vão em frente e quase ninguém mais hoje em dia fala em Piketty. Ele continua produzindo coisas talvez até importantes para a França, mas limitadas. Guillermo Calvo, meu colega em Yale, uma vez me disse que seu objetivo como economista era colocar alguns tijolinhos na grande construção da teoria econômica, e ele colocou tijolos importantes. Você mesmo menciona três deles na minibiografia do Calvo para esta nossa conversa. Eu acho meritório, mas quando ele me disse isso, eu pensei: "eu não quero pôr tijolinho na construção da teoria econômica, quero influir no processo político de transformação da economia brasileira para fazê-la uma economia desenvolvida". Era isso que eu queria fazer, e foi por isso que voltei para o Brasil e fui para o governo; optei pelo Brasil em vez de ser professor em Yale. Mas não foi para mudar o mundo, foi para agarrar a oportunidade histórica que de vez em quando aparece. Como quando Fernando Henrique chegou e houve a chance de fazer alguma coisa transformadora, como foi o Plano Real. Para repensar e contribuir no pensamento desses grandes problemas da humanidade, só se for um Keynes.

Thomas Piketty
Economista francês nascido em 1971, publicou em 2014 o livro *O capital no século XXI*, que recebeu destaque mundial e tem papel seminal na crítica à economia capitalista contemporânea. Segundo Piketty, que usa grande acervo de dados para comprovar sua versão, a taxa de crescimento da acumulação de renda é maior do que a taxa de crescimento da economia. Isso provaria que o capitalismo concentra em vez de distribuir os resultados da economia: o avanço técnico e o aumento da produtividade concentraria seus benefícios. A partir dessa constatação, Piketty concluiu que a democracia está ameaçada pela evolução econômica, e sua sobrevivência exigiria, portanto, a taxação das grandes rendas e patrimônio. Ele estudou na conceituada École Normale Supérieure e na École des Hautes Études en Sciences Sociales, onde concluiu o doutorado em filosofia e em economia com tese sobre distribuição de renda.

Tive sentimento parecido ao de Bacha quando, em 1977, recebi o convite dele para deixar o cargo de senior economist em uma divisão do Banco Interamericano de Desenvolvimento, em Washington DC e vir para o Departamento de Economia da UnB. A opção por voltar ao Brasil, depois de nove anos no exterior, foi tomada pensando em ajudar a orientar a economia brasileira por meio dos alunos. Hoje o desafio é maior, estamos precisando de um novo edifício, ainda que também de tijolinhos nas teorias econômicas no marco da civilização industrial dos últimos dois séculos, porque um novo edifício talvez não venha logo.

Marx tentou ir além do arcabouço teórico de seu tempo, mas pouco depois de sua morte, a realidade mudou tanto que as bases da realidade econômica que ele usou para suas análises, embora corretas para seu tempo, já não mais existiam. Seu pensamento foi vítima da revolução técnica: a realidade desfez sua revolução teórica. Ele próprio, como filósofo materialista, defendeu pioneiramente que as ideias surgem da realidade, e se elas mudam, as ideias e propostas devem mudar. Até Marx vivo, os grandes avanços técnicos estiveram em bens e serviços que serviam ao público, como telegrama e trem; mesmo que as linhas de ferro tivessem dono, havia a prestação de um serviço público – não era um bem que se consumia levando para casa ou que era substituído a cada momento no mercado graças a inovações na criação de novos bens de consumo. Os novos produtos, quase todos inventados a partir de 1885, depois de Marx, criaram um capitalismo consumista que enterrou a ideia do fim automático do capitalismo pela tendência do lucro a zero.

O pensamento econômico de Marx não resistiu à nova sociedade consumista: eram ideias apropriadas, mas para uma civilização já superada. Tanto quanto as ideias dos economistas fisiocratas não resistiram à realidade do capitalismo industrial.

Da mesma maneira que Marx não viu a mudança da civilização industrial produtivista para a indústria consumista, Keynes, morto em 1950, não viu o surgimento da civilização consumista global, com suas consequências e seus riscos ecológicos.

Keynes, apesar de gênio polímata, limitou sua contribuição ao entendimento e à condução da economia capitalista de seu tempo em momentos de crise. Com algo mais que um tijolinho, colocou um novo alicerce, mas sem propor novo edifício. Foi um gênio, mas ficou limitado. Quase deu o salto com seu artigo "Quanto é o bastante", em que refletiu sobre qual o limite necessário na renda e no consumo para uma pessoa ser feliz. Mas pensava do ponto de vista individual do consumidor anterior à explosão do consumo, nas últimas décadas do século XX, não o quanto a natureza suportaria do ponto de vista ecológico. Tanto Marx quanto Keynes viveram realidades que não permitiam perceber os limites de nossa civilização.

No século XXI, estamos entrando em outro momento, chamado de antropoceno pelo poder da técnica; sem a necessária evolução na lógica e na ética necessária para encontrar uma solução. O resultado pode ser a marcha à catástrofe, como alguns preveem. Nada indica que a mente do homo sapiens, até mesmo sua constituição neurológica, permita tomar decisões antecipando o interesse comum e de longo prazo da humanidade. O eleitor e o consumidor têm horror ao futuro. O próprio Keynes dizia que o futuro não existe para cada um de nós.

Não temos mentes capazes de pensar, formular, construir um edifício teórico-filosófico para combinar crise ecológica, inteligência artificial, fim das fronteiras nacionais, ânsia voraz por consumo, ampliação da desigualdade, poder dos donos do planeta, esgotamento do Estado, permanência da pobreza. Ainda menos líderes capazes de convencer o *eleitor para abrir mão de benefícios durante seus poucos anos de vida para, hipoteticamente, salvar a humanidade e a vida no planeta no longo prazo. Os tijolinhos servem dentro dos paradigmas civilizatórios, não servem quando a evolução exige nova civilização. Possivelmente já estejam disponíveis todas as ideias necessárias para o novo edifício, mas não se vê ainda trabalho que sistematize e ofereça o novo paradigma, com lógica e viabilidade.*

Quando voltei ao Brasil, graças ao convite de Bacha, não demorei para sentir que o caminho está menos na economia, sua produção e distribuição, e mais na formação de mentes comprometidas com a construção de uma sociedade eficiente, com inclusão social plena e sustentabilidade ecológica. No livro A desordem do progresso: o fim da era dos economistas e a construção do futuro *(1991), publicado em Londres sob o título* The end of economics?: ethics and the disorder of progress *(1993), sugeri o nome "econologia" para esse novo conceito, -e- de ética para definir o propósito, -eco- de ecologia para definir o espaço dos recursos, e -econo- de economia para definir a lógica do processo como os seres humanos transformam a natureza em bens e serviços da humanidade. Desde então, reorientei minhas preocupações intelectuais e políticas a como garantir educação com a máxima qualidade para todos, independentemente da renda e do endereço, e como construir uma pedagogia para as eras dos limites, das incertezas e da complexidade.*

Cristovam: Será que a falta de grandes mentes não é o resultado do desvio curricular das universidades: os doutorados matando os intelectuais ao especializar as boas mentes em temas restritos e os impedindo de ver todo o ambiente civilizatório e, por isso, incapazes de desenhar novos edifícios? Você não considera que o surgimento de entidades como o Ibmec e Insper provam um fracasso dos Departamentos de Economia das universidades?

Bacha: É possível, mas o primeiro centro importante em pós-graduação de Economia no Brasil foi a Fundação Getúlio Vargas. Fora da universidade. A Fundação Instituto de Pesquisas Econômicas (Fipe) foi constituída como uma fundação à parte do Departamento de Economia da USP. A UnB foi a primeira experiência no Brasil de ensino, graduação, pós-graduação e pesquisa integrados. Antes não existia. Fomos nós que fizemos, na área da economia. Hoje em dia, está tudo integrado, especialmente nas universidades públicas. Mas com a ampliação do universo de estudantes, essas universidades ficaram muito grandes e deficientes como centros de pesquisa econômica. O Departamento de Economia da USP, hoje em dia, não tem mais tanta projeção. Em São Paulo, o Insper é o centro, e em segundo lugar, a Escola de Administração de Empresas de São Paulo (Eaesp) da Fundação Getúlio Vargas. Nos Estados Unidos, que têm os melhores sistemas universitários do mundo, o MIT e a Caltech (California Institute of Technology) foram criados fora do sistema universitário, em parte, no caso do MIT, porque o sistema americano não acomodava os judeus: Paul Samuelson foi rejeitado por Harvard e foi criar o Departamento de Economia do MIT, com Robert Solow. Mesmo um sistema universitário tão maravilhoso como o dos Estados Unidos tem dificuldades, porque o compromisso com inovação exige mais liberdade de pesquisa, menos compromisso com o ensino. As universidades brasileiras têm uma demanda muito elevada por alunos, então não conseguem atender às exigências de pesquisa e inovação. Mesmo assim, as universidades públicas só atendem 25% da clientela universitária brasileira, o resto são as escolas privadas e de qualidade variada.

> **Paul Samuelson**
> Nascido em Gary, nos Estados Unidos, em 1915, e falecido em 2009, além de influente com suas visões, foi provavelmente o maior divulgador da teoria macroeconômica em todo o Ocidente, graças especialmente ao seu clássico livro com o título *Economia*, adotado em universidades em quase todo o mundo. Formou-se na Universidade de Chicago, obteve doutorado em Harvard e foi professor no MIT. Recebeu o Prêmio Nobel em 1970. Foi um dos maiores divulgadores do pensamento keynesiano. Samuelson deu imensa e pioneira contribuição na busca de unir a macro com a microeconomia, formando a Economia Moderna, como conhecemos hoje em dia. Sua contribuição ao uso da matemática na análise econômica ajudou de maneira decisiva a dar credibilidade científica a uma área do conhecimento ainda vista como descritiva. Até o final da vida, foi crítico das ideias liberais de Friedrich Hayek e de Milton Friedman. Para ele, a economia mista que equilibra as leis do mercado com regulações pelo Estado é a melhor forma de fazer a economia funcionar bem, ter equilíbrio e atender às necessidades sociais.

> **Robert Solow**
> Nascido em Nova York, nos Estados Unidos, em 1924, é um dos mais importantes economistas neokeynesianos, com grandes contribuições na área de desenvolvimento econômico. Serviu durante a Segunda Guerra, retornando em 1945 para estudar Economia em Harvard, encontrando Wassily Leontief como seu orientador, que lhe permitiu participar na criação do conceito de coeficiente *Input-Output* (Insumo-Produto) para a análise econômica. Nesse modelo, foi dos primeiros economistas a perceber que o avanço técnico poderia ter papel ainda mais decisivo na dinâmica do desenvolvimento do que o acesso ao capital. Por 40 anos, trabalhou ao lado de Paul Samuelson, com quem manteve um permanente intercâmbio de ideias.

Cristovam: Sim, com algumas exceções, tipo PUC-Rio.

Bacha: Também o Insper, mas é um instituto voltado para tema mais específico.

> Essa resposta de Bacha merece toda atenção por aqueles que estudam e querem propor rumos para o ensino superior no Brasil: queremos ter fábricas de diplomas universitários e de terceiro grau, ou queremos ir além e sermos centros de excelência, formadores de profissionais e de pensamento no ensino superior, resultado de pesquisas de alto nível?

Cristovam: Você tem muitas contribuições, das quais duas fundamentais: o Real e a criação do sistema de pós-graduação em Economia no Brasil. Nenhuma foi criação solitária, muitos ajudaram, mas você teve papel de destaque em ambas. Com os olhos *de agora, se você fosse mudar algo na rede de pós-graduação, o que teria mudado na época da criação?*

Bacha: Na verdade, foi um sucesso extraordinário. Desde o começo, o sistema de pós-graduação composto pela Anpec tinha 12 centros, desde o Rio Grande do Sul até o Pará. Já na partida, a gente conseguiu fazer um sistema de pós-graduação que abrangeu o território nacional inteiro. Isso foi incrível. Acho que, naquelas condições, saiu razoavelmente bem. A questão da qualidade talvez seja um problema, porque, depois de nossa geração, a gente não produziu um grupo muito substantivo de economistas de primeira. Ficou muito concentrado no Rio e em São Paulo. Eu não sei o que teria faltado. A gente fez o que pôde: encontros anuais, a revista. Tínhamos a Capes, o CNPq (Conselho Nacional de Desenvolvimento Científico e Tecnológico), a Finep (Financiadora de Estudos e Projetos). Tudo isso foi muito bem, eu acho. Se me perguntar se estou contente com a produção acadêmica brasileira, a resposta é não. Qual revista brasileira acadêmica hoje que você acha que é importante em economia? Acho um problema publicar somente em português. Se tivéssemos revistas no circuito internacional, como os indianos, talvez estivéssemos mais presentes no cenário mundial. A *Revista de Economia Política* e a *Revista Brasileira de Economia* estão publicando artigos em inglês. No sistema de classificação da Capes, ter artigos em inglês melhora a nota, então esse é um esforço que devia ser maior e em que outros países latino-americanos têm avançado mais do que nós. No México, *El Trimestre Económico* continua publicando em espanhol, mas as novas revistas mexicanas estão publicando só em inglês. No Chile também. E a revista da Lacea (Latin American and Caribbean Economic Association) é também em inglês.

Merece uma reflexão a frase de Bacha: "depois de nossa geração, a gente não produziu um grupo muito substantivo de economistas de primeira". A razão para isso é que nossa geração recebeu perguntas claras para responder "colocando tijolinhos", e a atual geração tem novas perguntas para construir um edifício novo. Mas nós, professores, em geral, continuamos com os mesmos temas: crescimento, inflação, distribuição de renda, política fiscal, sem provocar os alunos a refletir com rigor sobre os novos problemas, nos tempos atuais: na era dos limites, das incertezas e da complexidade.

Cristovam: Qual foi o papel da Finep no nosso sistema?
Bacha: Muito importante. Por exemplo, quem financiou o programa de pós-graduação da UnB, além dos recursos próprios, foram a Fundação Ford e a Finep. A PUC-Rio foi financiada quase que integralmente pela Finep, com apoio adicional da Fundação Ford. A renovação do Departamento de Economia da PUC-Rio não teria ocorrido se não tivesse o apoio da Finep. Na Fipe, houve força paulista em certa proporção, mas acho que foi apoiada pela Fundação Ford, não sei se teve dinheiro da Finep, talvez da Fapesp (Fundação de Amparo à Pesquisa do Estado de São Paulo).

Cristovam: No livro No país dos contrastes *você faz um raio-x muito duro sobre o Plano Cruzado. O que teria evitado aquele fracasso?*
Bacha: No Cruzado, saiu tudo errado se você olhar mais amplamente, não somente na economia. Teve a desgraça da morte do Tancredo. Se Tancredo não tivesse morrido, talvez nós, da PUC-Rio, que estávamos no Planejamento e no Banco Central,

tivéssemos nos aliado ao pessoal do Ministro da Fazenda, Francisco Dornelles, que era da Fundação. Mas a discordância que havia naquela época era entre a PUC-Rio e a Fundação Getúlio Vargas. A Fundação era monetarista e nós éramos neoestruturalistas. Estou apenas imaginando se Tancredo não tivesse falecido e Dornelles permanecesse no Ministério da Fazenda, João Sayad no Ministério do Planejamento, o Banco Central do jeito que estava, com Fernão Bracher, André Lara Resende, Pérsio Arida e Luiz Carlos Mendonça de Barros. Se o Ministério da Fazenda tivesse tido uma ponta ortodoxa... porque naquele ponto nós éramos a ponta-heterodoxa. Só que nos associamos com a ponta ultra heterodoxa, que era o pessoal de Campinas que veio com Dilson Funaro, substituindo Dornelles. Foi uma conjunção que não tinha como dar certo. Tínhamos acabado de redemocratizar o país. Nosso grande tema era acabar com o arrocho salarial da ditadura e, ao mesmo tempo, estabilizar a moeda. Uma missão impossível.

> *A Constituição foi elaborada com compromisso de máxima liberdade individual, garantia e ampliação de direitos e todo poder às corporações, além de pagar a enorme dívida social recebida do passado. Por isso, é uma constituição corporativa, assistencialista e protetora de privilégios considerados direitos adquiridos: cada grupo que teve força lobista colocou o que lhe interessava, sem substância responsável e aglutinadora. Aceitava-se colocar na Constituição tudo o que atendesse às reivindicações, até legítimas, mas inviáveis.*
>
> *Bacha tem razão de imaginar que nossa democracia poderia estar mais estável e a economia mais sólida se Tancredo*

tivesse sobrevivido aos seis anos de seu mandato. Isso permite refletir sobre a fragilidade da ciência econômica, que depende de uma "diverticulite malcuidada". Da mesma forma, tudo pode dar errado se nos deixarmos levar pelo voluntarismo, sem respeito às regras e leis que dependem da força da gravidade econômica.

Fernão Bracher
Nasceu em São Paulo, em 1935, e faleceu na mesma cidade, em 2019. Bacharel em Direito pela USP, teve longa carreira como banqueiro no setor privado. Foi presidente por quase dois anos do Banco Central, em 1985-1986, logo no início da redemocratização, durante a gestão do Presidente Sarney.

João Sayad
Nascido em 1945, na cidade de São Paulo, formou-se em Economia na USP, onde ocupou cadeira de professor logo no ano seguinte, em 1967. Em 1973, recebeu seu título de mestre e, em 1976, de PhD, na Universidade de Yale. A partir de 1978, foi livre docente do Departamento de Economia da USP. Além de diversos cargos no estado de São Paulo, foi Ministro do Planejamento no governo José Sarney, primeiro governo posterior ao regime militar, tendo sido um dos principais formuladores do Plano Cruzado. Sayad ocupou a vice-presidência do Banco Interamericano de Desenvolvimento (BID). Faleceu de câncer em São Paulo, em 2021.

Luiz Carlos Mendonça de Barros
Nascido em 1943, em São Paulo, é um destacado economista, graduado inicialmente em Engenharia pela USP e doutor em Economia pela Unicamp, ligado especialmente aos assuntos de financia-

mento do desenvolvimento. Foi presidente do BNDES e Ministro das Comunicações. Em sua carreira profissional, destaca-se a fundação e a gestão de bancos e entidades financeiras, inclusive para a promoção cultural. Teve papel importante na assessoria ao candidato e presidente eleito Tancredo Neves. Foi participante direto do governo Fernando Henrique Cardoso, ao lado de Pérsio Arida e André Lara Resende, especialmente no processo de privatização que revolucionou a situação das telecomunicações no Brasil, permitindo acesso generalizado à telefonia. Embora a revolução tecnológica tenha sido o principal vetor da revolução social no acesso à telefonia, essa revolução teria sido muito mais difícil se o Brasil tivesse mantido a estatização e o monopólio estatal desse serviço.

Cristovam: Para concluir, nada melhor do que olhar para o futuro. Quais são nossos desafios na economia e na ciência econômica? O que fazer para a economia brasileira avançar? O que ensinar nos cursos de Economia para nossos jovens entenderem como se processa a economia, quais os acertos, os erros e as lacunas do passado? Como será a ciência econômica nos tempos adiante, de incerteza?
Bacha: Não sei como responder a esta pergunta em geral. Para mim, a escolha da Economia foi por achar que a Engenharia era muito restrita e o Direito muito genérico, nunca considerei Medicina por falta de vocação. Eram as três profissões que havia na época. Quando optei por Economia, que tinha a ver com a sociedade como um todo, de maneira mais concreta que a Sociologia, esses eram os dois cursos nobres oferecidos pela então Faculdade de Ciências Econômicas da UFMG. Feita a escolha por Economia, meu propósito foi entender o desenvolvimento econômico de modo equitativo e sustentável.

Formado, dediquei-me, primeiro do ponto de vista acadêmico e depois do ponto de vista de *policy maker*, a tornar realidade para o Brasil essa visão de desenvolvimento econômico, em um contexto democrático. Fui feliz em ter uma segunda chance no governo, com o sucesso do Plano Real, depois do fracasso do Plano Cruzado. Os desafios de promover crescimento econômico em um ambiente democrático, com estabilidade de preços, equidade e sustentabilidade, continuam a nos confrontar. Espero que as novas gerações de economistas possam enfrentar esses desafios com mais sucesso do que minha geração pôde fazer.

> *A esses desafios de Bacha, é preciso acrescentar algumas questões que nossa geração não enfrentou. A realidade atual exige pelo menos questões que não eram colocadas antes: qual deve ser o propósito de médio e longo prazos da economia, além do PIB? Que lógica explica como as pedras, as plantas e os animais são transformados nos seres humanos e seus produtos? Como incorporar na análise econômica o valor da natureza em si, independentemente da oferta e da demanda de recursos naturais? O que fazer para abolir a pobreza, já que o crescimento do PIB não tem sido capaz? Como sair do tempo em que o mundo era considerado a soma dos países para o tempo em que cada país constitui um pedaço do mundo? Como evoluir da ideia de riqueza de cada nação para a riqueza do mundo? Como avançar no entendimento e nas formulações da ciência econômica, ao passar do tempo da inteligência natural dentro do cérebro para o tempo da inteligência artificial externa? Como construir as bases científicas e morais da economia, no*

tempo da insustentabilidade ecológica e das incertezas, na lógica e na moral política? Como lidar com a dinâmica – tecnológica, geopolítica, social e ambiental – cuja velocidade no avanço encurta o longo prazo? Como entender e administrar a moeda nas formas que ela está tomando no mundo digital e sem fronteiras?

Acredito que nenhum outro país tem melhores condições para dar respostas a essa nova economia. Primeiro, graças ao sistema de graduação e pós-graduação que nossa geração implantou com a contribuição decisiva de Bacha. Segundo, porque somos o país que isoladamente mais se parece com o conjunto da humanidade. Nossos indicadores sociais, econômicos e ecológicos são muito próximos à média do mundo; nossos êxitos e fracassos correspondem ao que aconteceu com a civilização nos últimos dois séculos; temos os problemas, os recursos, os desafios, a massa crítica para pensar e a urgência para encontrar as respostas teóricas e soluções na política.

Posse de Edmar Bacha na ABL, em 2017.
Maria Laura Cavalcanti (esposa de Edmar Bacha), Presidente Sarney e Edmar Bacha.

Posse de Edmar Bacha na ABL, em 2017.
Edmar Bacha e Presidente Fernando Henrique Cardoso.

Referências

BACHA, E. **No país dos contrastes**: memórias da infância ao Plano Real. Rio de Janeiro: História Real, 2012.

BACHA, E. O rei da Belíndia, o economista visitante e o produto interno bruto. **Opinião**, Rio de Janeiro, p. 14-15, 19 ago. 1974. Versão revista: BACHA, E. O rei da Belíndia: uma fábula para tecnocratas. In: BACHA, E. **Belíndia 2.0**: fábulas e ensaios sobre o país dos contrastes. Rio de Janeiro: Civilização Brasileira, 2012.

BANERJEE, A. V.; DUFLO, E. **Poor Economics**: Rethinking of the Way to Fight Global Poverty. Índia: Penguin Randon House, 2011.

BARELLI, W. **O futuro do emprego**. Rio de Janeiro: Companhia Editora Nacional, 2004.

BUARQUE, C. **A desordem do progresso**: o fim da era dos economistas e a construção do futuro. Rio de Janeiro: Paz e Terra, 1991.

BUARQUE, C. **The End of Economics?**: Ethics and the Disorder of Progress. Londres: Zed Books, 1993.

BUARQUE, C. A principal lacuna do pensamento econômico no Brasil: sétimo fator – educação de base. **Política Democrática**, Brasília, n. 60, p. 13-21, 2022.

BUARQUE, C. **A última trincheira da escravidão**. São Paulo: Unipalmares, 2022.

BUARQUE, C. **Da ética à ética**: minhas dúvidas sobre a ciência econômica. Curitiba: InterSaberes, 2013.

BUARQUE, C. **Por que falhamos**: o Brasil de 1992 a 2018. Brasília: Tema Editorial, 2019.

CARVALHO, J. M. de. **A formação das almas**: o imaginário da República no Brasil. São Paulo: Companhia das Letras, 1990.

CARVALHO, J. M. de. **Os bestializados**: o Rio de Janeiro e a República que não foi. São Paulo: Companhia das Letras, 1987.

CASTRO, C. de M. **A mágica do Dr. Yvon**: de como, ao longo de uma década, uma faculdade medíocre tornou-se a melhor do país, em economia e sociologia, e serviu de modelo para o PET, criado pela Capes. São Paulo: Benvinda Editora, 2016.

CHENERY, H. **Patterns of Development, 1950-1970**. Oxford University Press, 1975.

CHENERY, H. **Redistribution With Growth**: Policies to Improve Income Distribution in Developing Countries in the Context of Economic Growth. Oxford: Oxford University Press, 1974.

FISHLOW, A. **Desenvolvimento no Brasil e na América Latina**: uma perspectiva histórica. São Paulo: Paz e Terra, 2009.

FISHLOW, A. **O novo Brasil**: as conquistas políticas, econômicas, sociais e nas relações internacionais. São Paulo: Saint Paul, 2011.

FURTADO, C. **Formação econômica do Brasil**. 22. ed. São Paulo: Editora Nacional, 1987.

GEORGESCU-ROEGEN, N. **The Entropy Law and the Economic Process**. Cambridge: Harvard University Press, 1971.

HIRSCHMAN, A. O. **Estratégia do desenvolvimento econômico**. Rio de Janeiro: Fundo de Cultura, 1961.

KEYNES, J. M. **A teoria geral do emprego, do juro e da moeda**. São Paulo: Abril Cultural, 1983. (Coleção Os Economistas).

LLOSA, M. V. **O chamado da tribo**: grandes pensadores para nosso tempo. Rio de Janeiro: Objetiva, 2019.

PIKETTY, T. **O capital no século XXI**. Rio de Janeiro: Intrínseca, 2014.

RANGEL, I. **A inflação brasileira**. São Paulo: Brasiliense, 1963.

RANGEL, I. Dualidade básica da economia brasileira. In: RANGEL, I. **Obras reunidas**. Rio de Janeiro: Contraponto, 2005. v. 1.

SABINO, C. **Todos nos equivocamos**. Buenos Aires: Unión Editorial, 2007.

SACHS, J. **The End of Poverty**: How We Can Make it Happen in Our Lifetime. Londres: Penguin Books, 2005.

SAMUELSON, P. A.; NORDHAUS, W. D. **Economia**. 14. ed. São Paulo: McGraw-Hill, 1993.

SIMONSEN, M. H. **30 anos de indexação no Brasil**. Rio de Janeiro: Fundação Getúlio Vargas, 1996.

Os papéis utilizados neste livro, certificados por instituições ambientais competentes, são recicláveis, provenientes de fontes renováveis e, portanto, um meio responsável e natural de informação e conhecimento.

Impressão: Reproset